現代中国試論

中国の陰と陽

はじめに

最近、頓《とみ》に国際情勢が不安定になっており、危惧の念を抱いている人も多いのではなかろうか。

ウクライナの政情不安に乗じてロシアが２０１４年3月クリミア半島を併合。中東においてはイスラム国（ＩＳ）がイラクとシリアにまたがる地域を支配し、住民を巻き込む悲惨な戦闘と国際テロを行い、恐怖を与えている。

中国が関わる問題も多い。身近な東シナ海では尖閣諸島の領有権を主張。また南シナ海はもともと中国の領域との考えから、２０１４年5月に西沙（パラセル）諸島で石油掘削に着手、南沙（スプラトリー）諸島に滑走路を建設している。そのためベトナムと軍事衝突を起こし、フィリピンとは艦船の睨みあいを繰り広げている。

これらの事態は、国際法、ルール、慣行を無視した国による身勝手な行動が要因といえる。即ち、隣国の領土を奪い取ったロシアと南シナ海で一方的に埋め立てを強行する中国は、世界の秩序と安定を脅かしている。

アメリカは、ご立派なことを言う割にはイラン・イスラエルの核問題にみられるようにダブルスタンダードな対応が多々あり、また国力も低下して足元を見られている。

さて、中国はどうか。仕事を通して同国の人々と長い付き合いがある私としては、中国には大国らしい協調性のある解決をしてほしいと望んでいる。しかし現政権の指導部はナショナリズムを標榜する一方、抗日戦争や解放戦争を知らぬ世代のため、彼らが状況判断を誤ることを恐れている。これは安倍政権にもいえることであるが…。中国にも「国境（政治的な領土の範囲）」と「中国（文化のアイデンティティーとしての空間）」の相違があること、また「中国政府が対日強硬姿勢をとるのは〝もろ刃〟の剣である」と述べる学者もいる。

１９８４年、第二次造船不況の煽りを受けてK社を退職し、友人の紹介によりE社のお世話になって１９８７年6月、大連に赴任した。49歳であった。業務系の総経理の多い中で技術系の総経理は当時は珍しかった。現場育ちであり、鉄骨の組立、溶接のやり方を直接指導して品質を高める方法を伝え、目に見える成果を挙げることができた。そのようなこともあり、１９８８年に大連市商工会議所の副理事長に任命された。これは対外的には何かと便利で、大連市以外の対外貿易委員会や各種機関、企業とも話ができ、幅広く中国の状況を知ることができたことは幸いであった。

駐在員の多くはホテルに住んでいたが、公安の許可を得て大連事務所として一軒家を借り、北京、天津より派遣された幹部や大卒の若手技師達と6人で一緒に生活した。そのため中国語も割合、早く覚えた。また服務員の高娟《カオジェン》と街や市場に出かけ、中国社会も身近なものになった。

街の人々や周辺の農民達の生活ぶりなどが中国を見たり考えたりする出発点となり、友人や知人の古参党員の話が私の中国理解の糧となった。これが私の中国である。

ここで話は一転するが、中国人観光客が多く来日し、デパートなどで数十万円も「爆買い」する様子がテレビに映し出されて話題になっている。件《くだん》の人達は中国の地方の住人のようで、そこに中国人らしいバイタリティーと地方経済の発展ぶりを感じる。昔を知る者にとっては豊かになった生活ぶりが分かり、うれしくなった。

というのも、地域により差はあるが中国経済発展には地方政府が主導していることに注目しておくためである。しかし、地方政府の債務はシャドーバンク（影子銀行）の温床でもあるが。

習近平政権が大国ナショナリズムにより、南シナ海全域が「古来から」自国の領海とする中国の主張を強行し、緊張を生んでいる。これは国際的孤立を招くのみならず、国内的にも共産党政権の存立基盤を危うくするであろう。大国と自負するなら、大局を見るべきである。

1997年に市、鎮の設置基準が改定されて市が増設され、来日の観光客にみられる豊かになった人達が増えた。しかし２００８年～10年頃、上海を訪ねた際に足を延ばした同里《トンリー》、周荘《ジョウジュアン》など小運河の観光地での風景に考えさせられた。

水路沿いの雑貨店の店先で売られていた「毛語録」。それは経済成長しても格差が広がり貧困層も多く、庶民の間では「平等」を懐かしむ気持ちの表れであろうか。また無言の政府への抗議であろうか。これもひとつの庶民感情であろう。この貧富の差に手を打つこともなく大国主義を煽るのが、現政権の本質である。

山東省煙台《イェンタイ》市周辺の各地を案内してくれ、また様々な分野の人達を紹介してくれた知人の白氏が本年7月13日、広島に私を訪ねてくれた。久闊《きゅうかつ》を叙《じょ》するとともに旧知の人達の近況を聞き、現在の中国の諸事情を知り得たことは本書を書く上で大きな激励となった。

本書では世の中のお偉い方と違い、学のない者の立場で様々な角度から中国にアプローチし、直面する問題を考えてみたい。

また、今話題になっていることを『現代・中国を見るコラム』として書きとめ、関連ページへはめてみた。参考にしてほしい。

目次

第一章

現在中国の概要録

データで見る現在中国の概要

広大な国土を持つ中国は、地勢や自然環境が場所によって異なるとともに漢族を中心としながらも56の多民族国家となっている。ゆえにその多様性を理解するため、『現代中国の輪郭』を形作る諸データと要項を概要として第一章とした。

中華人民共和国

GDP（国内総生産）	10兆3,553億ドル
実質生長率	7.4%
1人当たりGDP	7,660ドル

◀（注）GDP（国内総生産）はIMF統計参照

面積	959.7万㎢
人口	13億6,782万
首都	北京
言語	漢語、チベット語、モンゴル語、ウイグル語など
宗教	道教、仏教、イスラーム教、キリスト教
通貨	元

出生率	12.4%		
死亡率	7.2%		
乳児死亡率	12%		
平均寿命	75（男:74、女:77）歳		
識字率	95.1（男:97.5、女:92.7）%		
年齢別人口構成	年少	生産	老年
	16.5%	73.5%	10.1%
産業別人口構成	1次	2次	3次
	31.4%	30.1%	38.5%
人口密度	145.2人/㎢		
都市人口率	54.8%		

貿易依存度	輸出	輸入
	22.6%	18.9%
輸出	2兆3,423億ドル	
輸入	1兆9,603億ドル	
通貨	人民元（1ドル=6.14）	
外貨準備高	3兆8,430億ドル	

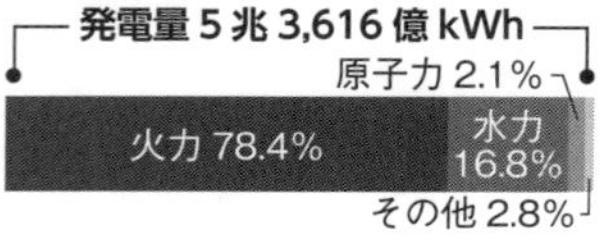

▲（注）中国統計年鑑など参照

土地利用	農牧林水産業（台湾を含む）
▶農地［耕地12,632万ha（13.5%）うち樹園地1,472万・牧場と牧草地39,283万（42.1）］ ▶森林20,962万（22.5）	▶農業従事者49,789万 ▶農業従事者1人当たり1.0ha

▲（注）2015年版ブックオブ・ザ・ワールド参照

中国国土は世界第4位であり、人口は世界第1位である。「広土衆民」といわれる所以である。

2010年には国民総生産（GDP）は日本を追い越し、第2位となった。世界のGDPに占める割合は2012年時点でアメリカ22・3%、中国11・5%、日本8・2%、ドイツ4・7%、フランス3・6%である。所得（GNI）区分の一人当たりの

現在の中国行政区図

〈民族割合〉漢族91.6%・チョワン族1.3%（1,692万人）・ホイ族0.8%（1,058万人）・マン族0.8%（1,038万人）・ウイグル族0.8%（1,006万人）・ミャオ族0.7%（942万人）・イ族0.7%（871万人）・トウチャ族0.6%（835万人）・チベット族0.5%（628万人）・モンゴル族0.4%（598万人）・トン族0.2%（287万人）・ブイ族0.2%（287万人）・ヤオ族0.2%（279万人）・ペー族0.1%（193万人）・朝鮮族0.1%（183万人）など55の少数民族

2015年版データブックオブ・ザ・ワールド（二宮書店）

中国の直轄市・省・自治区別面積・人口・地区総生産
主な民族・農・産物の生産量（2013年）

	行政区 (4市22省5自治区2特別区と台湾)	面積 (千km²)	人口 (万人)	一人当たり地区総生産(元)	おもな民族 (%)	米 (万t)	小麦 (万t)	とうもろこし (万t)	豆類 (万t)	綿花 (万t)
	華北区									
1	北京(ペキン)市	16.8	2,115	93,213	漢族95.9・マン族1.7・ホイ族1.3	0	19	75	1	0
2	天津(ティエンチン)市	11.3	1,472	99,607	漢族97.4・ホイ族1.4	13	57	102	1	48
3	河北(ホーペイ)省	190.0	7,333	38,716	漢族95.8・マン族3.0	59	1,387	1,704	31	457
4	山西(シャンシー)省	156.0	3,630	34,813	漢族99.7	1	231	956	31	31
5	内モンゴル自治区	1,183.0	2,498	67,498	漢族79.5・モンゴル族17.1・マン族1.8	56	180	2,070	138	2
	東北区									
6	遼寧(リアオニン)省	145.7	4,390	61,686	漢族84.8・マン族12.2・モンゴル族1.5	507	3	1,563	31	1
7	吉林(チーリン)省	187.4	2,751	47,191	漢族92.0・朝鮮族3.8・マン族3.2	563	…	2,776	59	6
8	黒竜江(ヘイロンチアン)省	454.0	3,835	37,509	漢族96.4・マン族2.0・朝鮮族0.9	2,221	39	3,216	400	…
	華東区									
9	上海(シャンハイ)市	6.3	2,415	90,092	漢族98.8	87	18	3	1	4
10	江蘇(チアンスー)省	102.6	7,939	74,607	漢族99.5	1,922	1,101	216	72	209
11	浙江(チョーチアン)省	101.8	5,498	68,462	漢族97.8	580	28	27	34	28
12	安徽(アンホイ)省	139.6	6,030	31,684	漢族99.3	1,362	1,332	426	114	251
13	福建(フーチエン)省	121.4	3,774	57,856	漢族97.8・ショー族1.0	502	1	19	21	0
14	江西(チアンシー)省	166.9	4,522	31,771	漢族99.7	2,004	3	12	31	131
15	山東(シャントン)省	157.1	9,733	56,323	漢族99.2	104	2,219	1,967	40	621
	中南区									
16	河南(ホーナン)省	167.0	9,413	34,174	漢族98.8・ホイ族1.0	486	3,226	1,797	79	190
17	湖北(フーペイ)省	185.9	5,799	42,613	漢族95.7・トウチャ族3.7	1,677	417	271	32	460
18	湖南(フーナン)省	211.9	6,691	36,763	漢族90.0・トウチャ族4.0・ミャオ族3.1・トン族1.3・ヤオ族1.1	2,561	11	185	35	198
19	広東(コワントン)省	179.8	10,644	58,540	漢族98.0	1,045	0	82	21	…
20	広西(コワンシー)チョワン族自治区	236.3	4,719	30,588	漢族62.8・チョワン族31.4・ヤオ族3.2・ミャオ族1.0	1,156	0	266	23	2
21	海南(ハイナン)省	35.0	895	35,317	漢族83.6・リー族14.6	150	…	12	2	…
	西南区									
22	重慶(チョンチン)市	82.4	2,970	42,795	漢族93.3・トウチャ族4.8・ミャオ族1.7	503	34	258	46	0
23	四川(スーチョワン)省	485.0	8,107	32,454	漢族93.9・イ族3.3・チベット族1.9	1,550	421	762	92	13
24	貴州(コイチョウ)省	176.1	3,502	22,922	漢族64.3・ミャオ族11.4・プイ族7.2・トウチャ族4.1・トン族4.1	361	52	298	26	1
25	雲南(ユンナン)省	394.0	4,687	25,083	漢族66.6・イ族11.0・ハニ族3.5・ペー族3.4	668	81	734	131	0
26	チベット自治区	1,228.4	312	26,068	チベット族90.5・漢族8.2	1	24	3	2	…
	西北区									
27	陝西(シャンシー)省	205.6	3,764	42,692	漢族99.5・ホイ族0.4	91	390	587	33	58
28	甘粛(カンスー)省	455.0	2,582	24,296	漢族90.6・ホイ族4.9・トンシャン族2.1・チベット族1.9	4	236	572	38	71
29	青海(チンハイ)省	722.0	578	36,510	漢族53.0・チベット族24.4・ホイ族14.8・トゥー族3.6	…	36	16	6	…
30	寧夏(ニンシア)ホイ族自治区	66.4	654	39,420	漢族64.8・ホイ族34.5	69	46	206	2	0
31	新疆(シンチアン)ウイグル自治区	1,660.0	2,264	37,181	ウイグル族45.8・漢族40.5・カザフ族6.5・ホイ族4.5	60	602	669	21	3,518
	中国	9,597.0	138,557	41,908	漢族91.6%他55族	20,361	12,193	21,849	1,595	6,299

2015年版データブックオブ・ザ・ワールド（二宮書店）

データを見れば、２０１２年は５７２０ドルとなり、中国は中所得国家（上位）にランクされる。

中国の政体　～人民民主共和制～

次に政治権力を党体制から見てみよう。

人民民主共和制は、第二次世界大戦から戦後にかけて反ファシズム・民族解放と民主主義を掲げて諸階層が参加する統一戦線、人民戦線の発展したものである。一般論としては旧ソ連以外の社会主義国家体制の総称として「人民民主体制」と呼ばれている。「人民」※とは国家社会を構成する人々であり、「共和制」とは彼らが選んだ代表者が合議で政治を行う体制である。

中国においては無産者、農民、民族ブルジョワジーが参加し、抗日民族解放のために闘った。その後、国民党と共産党とが分裂抗争して国内戦となり、共産党が勝利して１９４９年10月、中華人民共和国の成立となる。

※人民…毛沢東によれば抗日戦争の時期には日本の侵略に反対するすべての階級、階層および社会集団は人民の部類に入る。社会主義建設期には、これを支持する階級、階層、社会集団を人民とし、時代によって異なった意味を持つとしている

人民戦線の継承として「中国人民政治協商会議」を存続させて多党制とするが、実質的には共産党の一党独裁となる。また経済発展する中、１９９３年11月の全国人民代表大会で「社会主義市場経済」を経済発展の基本方針として憲法に盛り込む。憲法は「社会主義の公有制を主体としながら、資源分配などの面で市場が基礎的役割を果たす経済」と定義している。

一党独裁体制下では、党幹部・官僚と国有企業の関係にみられる政経癒着を生む要因ともなるが、これが中国独特の経済方針である。

組織的には行政組織は共産党の各級に対応し、党の指導下に置かれている。なお、人民解放軍は国家の軍隊ではなく、党の軍隊である。

中国権力組織図

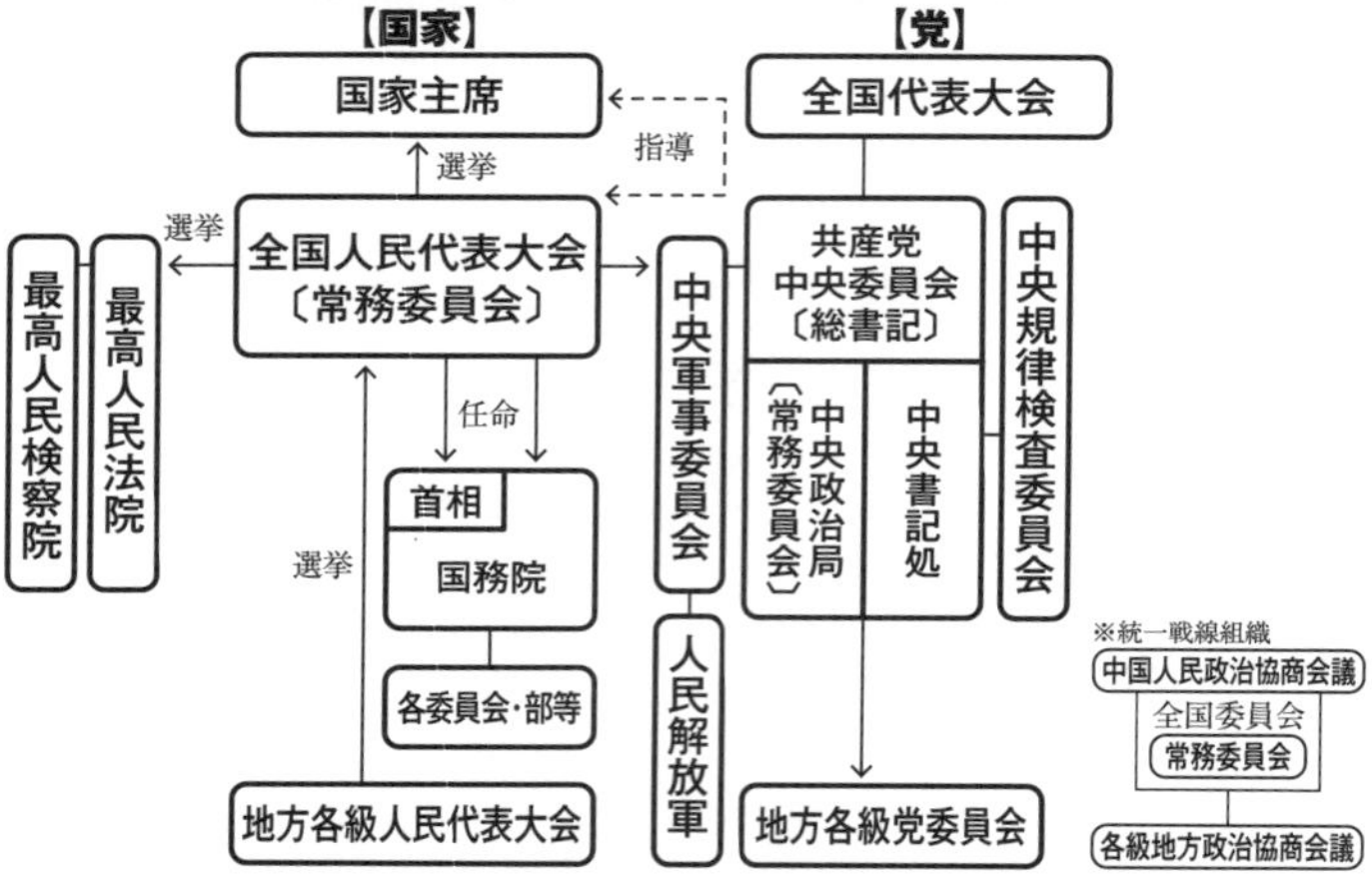

出所：諸書より作成　※地方各級とは省級・県級・郷級・村民委員会

第二章　見聞紀行

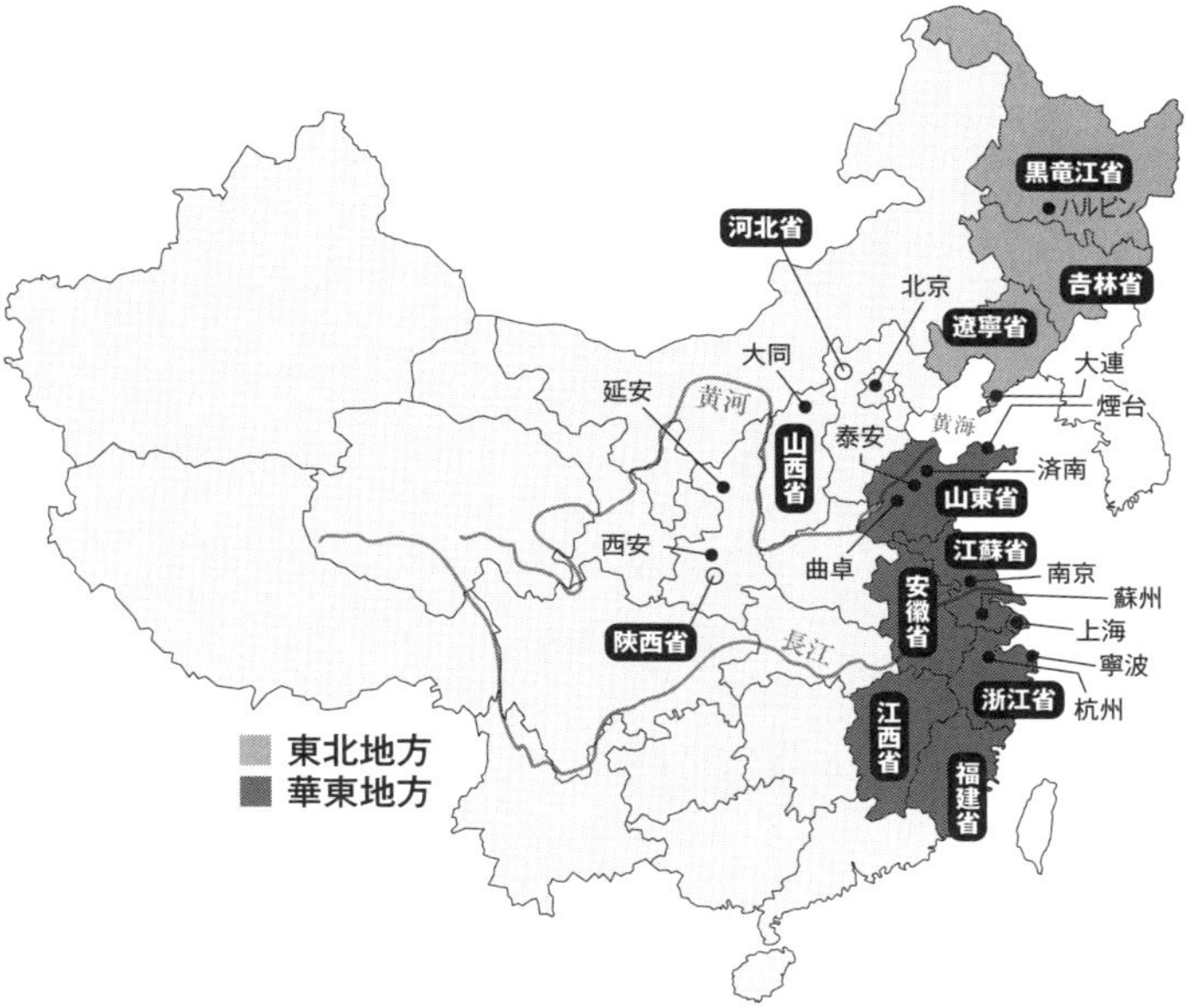
黒竜江省
ハルビン
吉林省
遼寧省
河北省
北京
大同
延安
黄河
山西省
泰安
大連
煙台
黄海
済南
山東省
江蘇省
曲阜
西安
陝西省
安徽省
南京
蘇州
上海
寧波
長江
浙江省
杭州
江西省
福建省
東北地方
華東地方

肌で感じた中国大陸

多様性に富んだ中国を身近に見るため、仕事や調査で訪れた各地の有り様を思い出しながら紀行文にまとめてみる。

国土はユーラシア大陸東部から内陸アジアに広がる巨大な地域である。東は大平洋に接し、西はパミール高原に至る。南北3800km、東西は5000kmにも及ぶ。

海岸線は総延長1万8000km、その約4分の1は基岩海岸といわれ、平原海岸を含めた大部分は自然海岸である。そのた

中国大陸

め各地を隈なく訪れることは困難であるが、仕事や探訪で見聞した東北地方、黄土高原、華東などの自然環境、土地柄など自分なりに受けとめたものを書きまとめ、中国を知る一助として参考に供したい。

■東北地方

私は、１９８７年６月に中国の合併工場に赴任し、大連で中国での生活の第一歩を踏み出した。大連は遼寧・吉林・黒竜江の東北三省の海の玄関と呼ばれている。

そこで、比較的よく知る東北地方より見聞紀行を始めてみる。

地形分布概略図

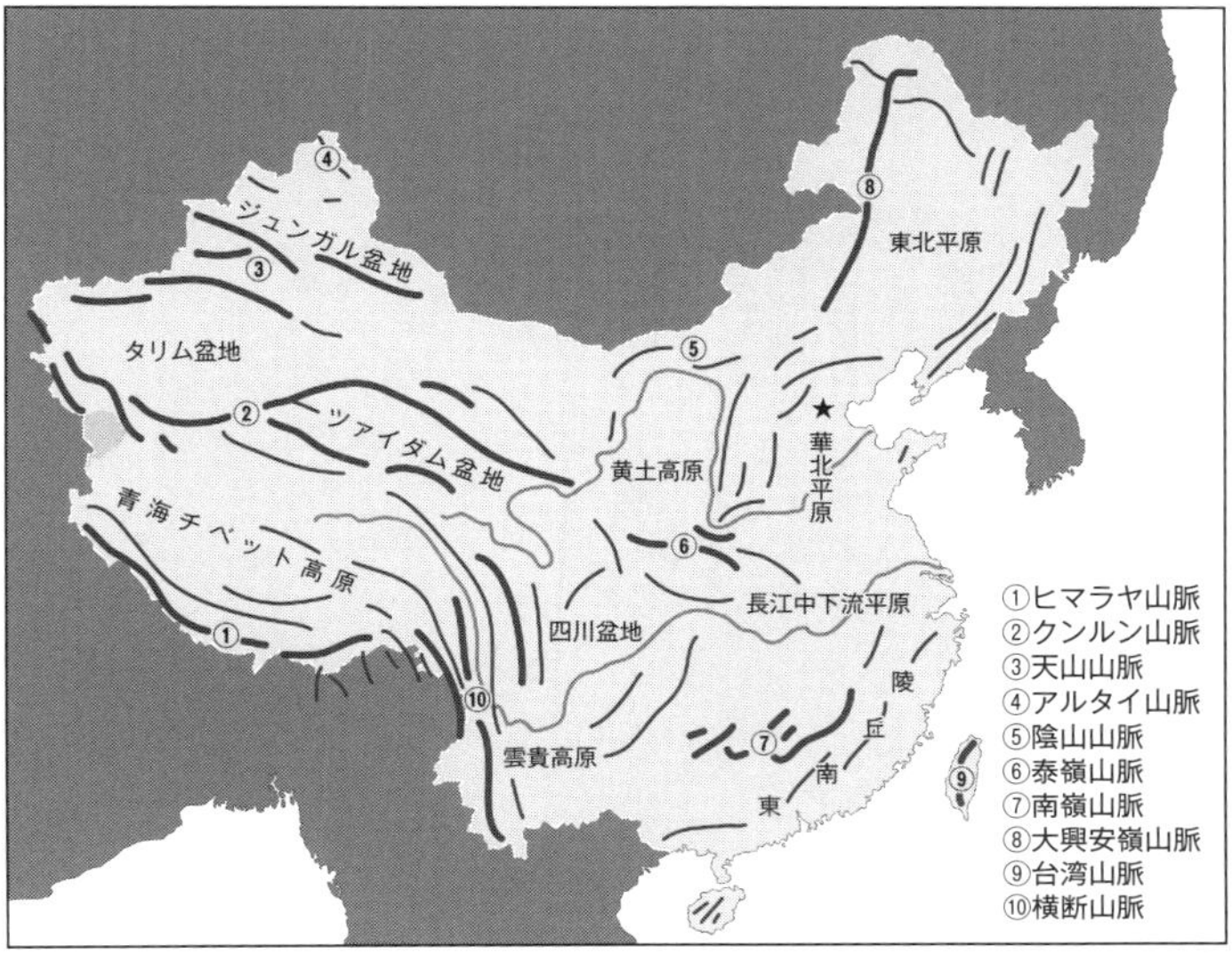

出典：『簡明中国地理』上海人民出版社 1974 年

東北地方といえば、日本が１９３１年に満州事変を起こし、翌年に満州国を建国して侵略した地であり、重い歴史を持つ場所である。

　内モンゴル高原の東側で南北を走る大シンアンリン山脈と北の小シンアンリンに囲まれた東北平原は、海抜５００ｍ以下の丘陵と平野からなる緩やかな起伏の平原である。

チンリン山脈＝ホワイ川線

農産物地域区分はチンリン山脈ーホワイ川の北は小麦・コウリャン地域であり南は水稲・茶地域である。

チンリン山脈―ホワイ川線（年間降水量８００㎜を示す）の北側で小麦・コウリャン地域であり、気候をみると冬は厳寒であるが夏は比較的に高温多雨で日照時間が長い。東北三省とも米がとれるが、中でも吉林省の徳恵は良米の米所としてよく知られている。自然的条件に恵まれた農産地でもある。

また鉄鉱石、石炭、石油など鉱物資源が豊富なこともあり、機械工業、自動車工業、化学工業が発達。国営企業が集中する中国最大の重工業基地であった。しかし国営企業の改革が行われ、市場経済化が進む中で重工業に偏重し、国営企業が不振に陥る。そのため、この地域の経済は停滞。こうした動きは当時、「東北現象」といわれた。その後、国営企業改革が進み、産業構造が見直されたこともあり、２０１３年の一人当たりのＧＤＰは三省平均で４万８７９５元となり、全国平均（４万１９０８元）と比べても、中国で上位にある。

東北地方は漢族と、満州族、朝鮮族、モンゴル族などの小数民族が、混然とまじりあっているのだが、これはこの地方の歴史に由来するのであろう。満州族はもともとこの地にいた女真族であり、清朝第２代皇帝ホンタイジが女真を満州に、後金を清に改称した。漢族も18世紀以降、多くの山東人が山海関を越え、東北地方に移住したことはよく知られている。またそれを受容できる文化の存在もあろう。

スリットの入ったチャイナドレス（旗袍《チーパオ》）はもともと満州族のものである。私が大連に赴任した１９８０年代にはホテルの女性従業員の多くは旗袍を着ていた。大連の女性は比較的背が高くスタイルが良い（身段好）※ので、よく似合った。

※身段好…中国で格好が良いのは姿态好。スタイルが良いのは身材好。身段好は俗語だが、私が好んで使う言葉である。段は、くびれを表す

北のハルピンの中央大街はアカシアの並木道でヨーロッパ風のたたずまいを見せ、落ち着いた人通りであった。音楽会も盛んな文化都市であり、冬の氷灯祭りは有名である。もしハルピンに行かれることがあれば、夕暮れどき中央大街を散策されるとよい。夕闇の中、日本では味わえぬエキゾチックさを感じられるだろう。

私はハルピンの開発区の紹介で「工業は大慶に学べ」といわれた大慶の原油採掘現場を見学した。ハルピン―大慶間は１９７㎞あり、草原地帯で遠くに羊の群れが見られた。

旧満州国の首都長春（新京）はハルピンと同じく落ち着いた街で、よく「北国の春城」とも呼ばれ、松並木が美しい。そこに、かつての日本支配の影が見える。作家で経済評論家でもある邱永漢氏は「東北三省に満州国をでっちあげた中には将来を誤らせた日本人の悲哀がひそんでいるのではあるまいか」と書いておられるが、至言であろう。傀儡

皇帝・溥儀が執務した勒民楼を見たとき、心が詰まる思いがした。

吉林市は、もともと吉林省の省都であったところで、市内を流れる松花江のほとりには枝垂《しだ》れ柳が植えられている。その対岸にある龍潭山には高句麗の城跡があり、陽光を浴びた山道は風光明媚で、見下ろす市街地は落ち着いた様子を見せる。また近郊の農村風景は映画で馴染みがある。

東北地方最大の都市、遼寧省の省都である瀋陽には瀋陽故宮、大宗皇太極（ホンタイジ）の陵墓のある北陵公園、張学良旧居など見どころは多いが、煤煙によるスモッグの多いことでも有名である。瀋陽の北部の柳条湖附近で１９３１年９月18日、関東軍は中国侵略のために鉄道を爆破。これが満州事変の発端となった。その後、日本は日中戦争、大平洋戦争と突き進んで敗北、１９４５年８月に終戦を迎える。我々日本人が決して忘れてはならぬ歴史的事実であり、歴史認識として共有しなければならない。

大連は１９０５年の日露戦争後、日本の直接統治が始まった。その後、満州国の玄関口となった。大連は坂道の多い港町である。そのため路面電車が走り、便利である。中山広場を取りまく大連賓館（旧大和ホテル）などのどっしりした洋館は、アカシアとともに大連の象徴である。沿海都市として発展した大連市が「東北の香港」となりたいと願うのはきわめて当然であろう。大連の友人達が「大連は森本さんの第二故郷」と言ってくれたが、素直に受け止めている。

▲ハルピン一大慶間の草原　2001 年 9 月

▲長春　人民大街　1999 年 10 月

▲吉林　1999 年 10 月

▲瀋陽～長春間の公路　1999 年 10 月

▲瀋陽　張学良旧居　2001 年 9 月

▲瀋陽太原街　中学クラスの友人　1997 年 4 月

▲大連開発区　1997 年 4 月

▲大連中山公園　2001 年 9 月

▲旧満州鉄道の大連の社屋　2001 年 9 月

■黄土高原　西安と延安

黄土高原は黄河上・中流地域に広がる高原であり、中国文明発生の地である。西安では昔の中国像を、延安では現代中国の根源を、かの地の旅を通して中国の姿・形を考えてみたい。

〈西安〉

初めて訪れたのは１９９８年10月。中学のクラスの友人達と上海虹橋空港より西安に入った。寒々とした中で兵馬俑《へいばよう》、碑林《ひりん》、華清池《かせいち》、茂陵《もりょう》などの旧跡を見学したが、これは単なる観光旅行に終わった。

市街地を囲む城壁は８世紀前半に繁栄を誇った唐の長安城の上へ明代初期に築造されたもので、高さ12ｍ周囲12㎞に及ぶ巨大な城壁である。日本の城下町とは異なり、宮城とともに一般の人々が住む都市である。

黄土分布図

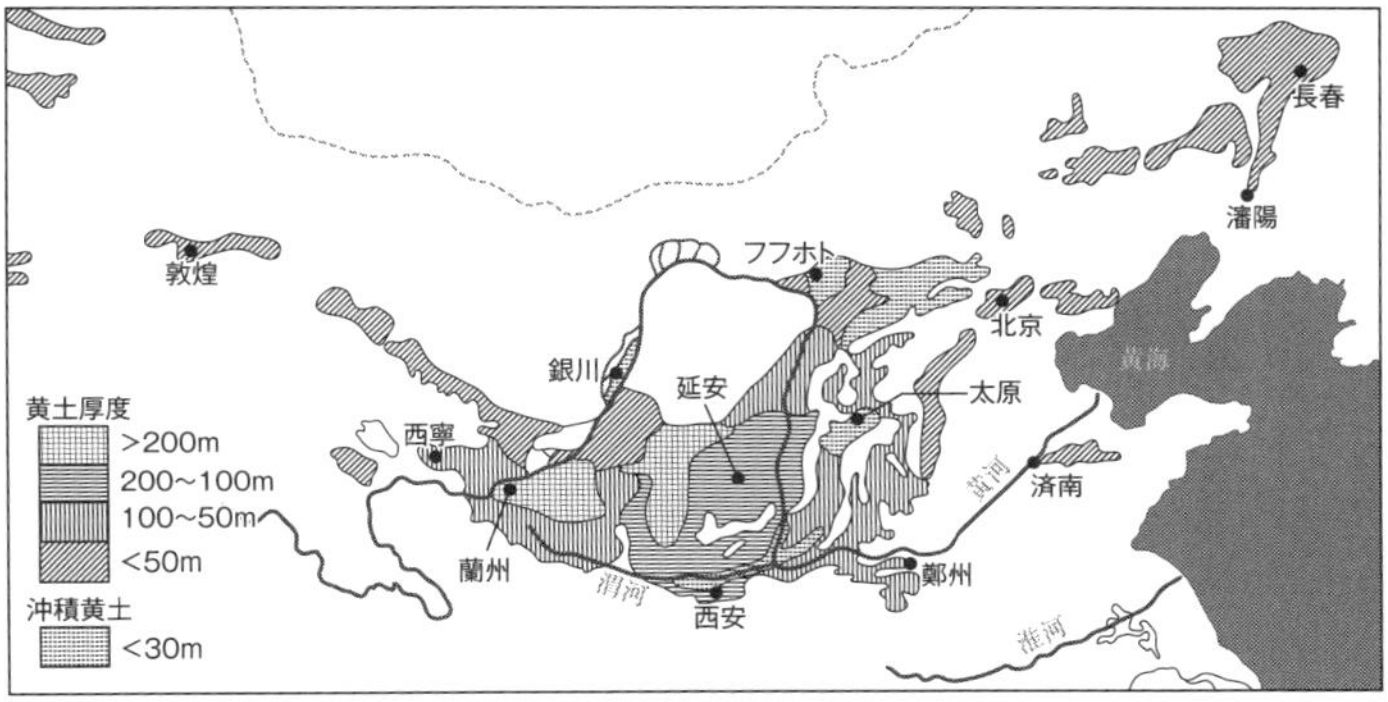

出典：『中国黄土』陝西人民美術出版社。1980 年による

東・西・南・北大街の交差点にそびえる高さ36ｍの鐘楼は堂々としたものである。それと対をなす鼓楼の脇には今も回族の雑貨などを売る路地市場が広がる。回族は中央アジア、西アジアから交易のために中国へ移住した民だが、イスラム教徒が多い。長安の国際性の名残りだろうか、西壁の玉祥門より発する大慶路は諸国との交易の道、シルクロードの起点である。

西安には、新石器時代の集落であった半坡《はんぱ》遺跡、玄奘三蔵がインドより持ち帰った経典の翻訳と保存のために建てられた高さ64ｍもある大雁塔《だいがんとう》、唐代の最も大きい規模である大宗李成民の陵墓である昭陵、古代から新中国に至るまでの数十万点にも及ぶ文物を収蔵した陝西歴史博物館などがあり、中国文明、文化の宝庫となっている。西安への旅の回を重ねるたび、中国の多様性を理解することの重要性を教えられた。

シルクロードを進み、敦煌までは行ってみたいと思いながら果たせなかった。訪れた西端は宝鶏《バオチ》だったが、それは五丈原に行くためであった。日本では人気のある諸葛亮《しょかつりょう》（孔明《こうめい》）が魏を討つため最後に陣を取った五丈原。彼は長年の心労のため、かの陣中に没した。54歳であった。余談であるが、よく比べられる曹操《そうそう》は「治世の能臣、乱世の姦雄」と評され、中国では人気が高い。

▲西安城壁　1999 年 2 月

▲西安大雁塔　2002 年 10 月

▲西安城壁よりシルクロードの起点　2002 年 10 月

▲五丈原

▲銅川附近の菜の花　2004 年 4 月

▲黄陵（黄土高原）夏の黄帝廟の地　2004 年 4 月

▲左より延安供電局 局長、森本、陝西省電力局賀主任。中国は発送電分離（電局力は発電、配電局は送電）。延安の周恩来旧居の前で（窰洞ー横穴式住居）2004 年 4 月

〈延安〉

かねがね、中国革命の根拠地である延安に行ってみたいと思っていたところ、２００４年4月に陝西省電力局の賀主任が同行してくれた。この時、黄土高原を肌で感じられるようにとジープが用意された。

銅川附近で菜種油用の菜の花、洛川附近で延安リンゴとして知られるリンゴの香りが、4月の風とともに感じとれた。伝説の「夏」の黄帝廟があったといわれる荒涼とした黄陵に差し掛かったとき、ふと延安も遠き昔の「革命の伝説の地」のように思えた。それは、現代中国の経済成長による拝金主義の風潮が生まれ、共産党、政府

幹部の汚職が横行。貧富の差が拡大して共産党政権の正当性が失われていたからであろう。

ともあれ延安に入った。最初に目に入ったのは街を見下ろす宝塔と街中を短パンで歩く娘たちの姿であった。それは一党支配の変容と社会の変化の様相であろう。

供電局のお世話になって一泊し、大会堂を見学。毛沢東、周恩来、劉小寄たちの窰洞《ヤオトン》の前に立ったときには思わず敬礼していた。

かつて延安で取材したジャーナリストE・スノーは『中国の赤い星』を、A・スメドレーは『中国の歌声』『偉大なる道』を出版。毛沢東や朱徳に魅せられて紅軍の戦いの新しい側面と展望を生き生きと書きあげた。

延安を訪れた2004年、また今よりみれば、延安は「革命の聖地」であり「伝説の地」であろう。これは革命へのノスタルジアではなく、社会の変化に応じてゆくことと「志」の変節は違うということである。

■華東地方

華東は建国当初の六大行政区の区分であり、我々にはどちらかといえば馴染みが薄い。

私も2002年に青島で貨物船の建造・管理で滞在したとき、赤ブドウ酒「華東」を御馳走になって初めて知った地名である。華東は上海市と山東、江蘇、安徽、浙江、江西、福建の一市・六省からなる。ここでは仕事で行った上海、江蘇省、浙江省、山東省を取り上げたい。

１９９０年8月に帰国した後は、横浜ランドマークタワー工事、１９９２年からはオイルリグ用スタッドチェーン（ＯＲＱ基準）のロボットによる自動溶接の技術開発に従事していた。１９９３年に造船鉄工のＴ社より、東京湾工事用の作業台船の中国での建造要請を受け、北京で中国交通進出口公司と契約、南京船廠で建造した。これにより中国での仕事を再開することになり、以後上海を拠点として年４～６回出張し、造船所の調査とともに舶用バルブ、艤装品の輸入に携わった。

かつて寧波北侖港発電所のタービン棟の鉄骨を大連で製造し、上海港を経由して輸送していたことから、その頃より上海とは関係があり、かの都市にはある感慨を持っていた。それは、詩人の金子光晴が「満州は妻子を引き連れて松杉を植えに行くところ、上海はひとりものが一年二年程ほとぼりをさましに行くところ」。即ち満州は開拓に、上海は自由を求めて行くところと書いているためだ。そのためフランス租界の写真を載せた。写真で見る光景は、90年代の初めに歩いた時の上海とまったく同じ光景であり、これが今なお私の心の中にある上海である。１９６０年の安保闘争翌年に起きた政暴法反対の長期裁判を背負って生きてきた日本社会より解放された私の街の姿である。

上海を拠点に仕事を開始した私に、台湾大学のY教授が関係先を紹介してくれ、南京の商社のG女が案内役を務めてくれた。彼女は吉林大学の石油工学科を卒業していて、仕事ののみ込みは早かった。

同行者であった大手造船所の元課長とは南京西路にあるマンダリンホテルに宿泊していた。ある時、西路駅近くの飲食店でメニューを見て注文したのに「没有」と一蹴され、同行の彼はあきれかえっていた。これが１９９５年以前の上海である。街角や人々の身なり、対応がよくなったのは１９９７年頃からであろう。即ち経済が上向いてきた頃である。

またＧ女が戦前の上海ジャズバンドのことやジャスミン茶のことを私に聞いたりするので同行者は、中国人が日本人に中国のことをあれこれ聞くと笑っ

▲フランス租界の並木道　写真提供：imagenavi

ていた。中国が改革開放に本格的にスタートした頃であり、日本の1950年頃によく似ていたようだ。

■2005年の反日デモの頃から2010年上海万博の頃の街並み

多くの方々が仕事や観光で訪れている上海は、私ごときが話すことではないが、私なりの視点で感じたことを述べてみたい。

陝西省電力局の紹介で泊まるようになった衡山賓館は比較的手軽なホテルであった。前には衡山公園があり、面する衡山路は准海中路より分れた路で、何より静かなのがよい。そこは旧フランス租界の高級住宅街であったところで当時の洋館を改装したレストラン、カフェ、バーがある。街灯や店の明かりが街路樹を染める洒落た通りであった。

時には知らぬ店に入り、グラスを傾けた。私にはどの店も感じがよかった。少し歩けば雑貨ショップが立ち並ぶ。近くには上海料理の席家花園《シージアホアユアン》がある。銀行家の邸宅を改装したオールド上海風でシックな店構えである。鶏肉を紹興酒の小壷に漬けた酔鶏《ツィジー》とトマトスープは絶品であった。上海に行かれたら、このあたりで日本にはない遊びどころを見つけて楽しむのもよいだろう。

ここで仕事の話に戻ろう。上海の江南造船所や南京の金陵船廠は、平たくいえば河や沿海用船舶の建造であり、我々の求めていたものとは違っていた。ただ鎮江の舶用電気機器、上海の舶用起重機などの情報を持ち得たことは、２００２年に青島で貨物船建造を行う際、工事の進捗上、大いに役立った。特に中国のように技術や情報を共有することが難しい国では尚さらである。

▲南京西路　2005 年 9 月

▲淮海中路　2010 年 9 月

▲延安中路　延安賓館とバーなど飲食店が並ぶ　2005 年 9 月

▲黄浦江　万博両岸会場を結ぶフェリー　2010 年 9 月

▲東台路古玩街　小さなアンティーク店がひしめく　2005 年 9 月

▲魯迅公園にて　2010 年 9 月

次に上海を取り巻く江蘇省、浙江省を見てみよう。中国には「上有天堂、下有蘇杭」という成句がある。即ち「天に楽園有り、地には蘇州、杭州がある」。さらに「生在蘇州」生まれるなら水のよい蘇州、「玩在杭州」遊ぶなら杭州とまさに言い得て妙である。

蘇州は運河のある美しい街で、李香蘭の歌「蘇州夜曲」の気分に浸れる。唐詩ゆかりの寒山寺もある。

杭州を訪れたマルコ・ポーロは「世界でもっとも賑やかな街」と形容している。風光明媚な西湖は中国十大風景名勝のひとつに数えられている。湖のまわりには六和塔をはじめ数々の見どころがある。蘇州のシルク同様に刺繍など、伝統産業も盛んである。中国で多くの夜市を見ているが杭州の夜市は賑やかな中にも人通りには落ち着きがある。そのため私は、杭州に行ったら必ず夜市を歩いた。

▲杭州西湖　2002年10月

▲蘇州小運河　2004 年 3 月

▲杭州、嘉興平野　2002 年 10 月

▲呉江（嘉興—蘇州間）の豊かな農村　2007 年 4 月

「列車进入浙江境内時眼前一亮、杭嘉湖平原和宁波、紹兴平原的水田、水乡連綿不断」（列車が浙江省に入り、杭嘉湖平原と寧波、紹興平原の水田がどこまでも続くのを目の当たりにした）。

これは2002年11月に寧波へ招かれたときの感想を地元の新聞に載せるため、寧波のY女史と中文にしたもので、江南をひと言で表現できたと思っている。

上海に隣接する江蘇省、浙江省は水源に恵まれた平野が多く、農業地帯である。南京、蘇州、南通、紹興、寧波は産業も発達しており、多くの日本企業が進出している。

上海は長江の土砂の沖積により陸地ができたもので、三国時代に漁村が生まれて唐代に鎮が置かれた。宋代になって上海鎮が登場、元代に県が設置されている。従って長江デルタは沖積平野で、最高の山の標高は98mである。そのような地勢によるのか、上海近郊には多くの水郷があり、そこに古い鎮がある。主なものを挙げれば、烏鎮《ウージェン》、朱家角《ジュージアジアオ》、周荘《ジョウジュワン》、同里《トンリー》など。いずれも上海より車で1時間から1時間半である。

一例に烏鎮を挙げれば、上海からの所要時間は車で約1時間半である。京杭大運河のほとりに開けた唐代より続く町で、素朴な人々の暮らしに接することができる。藍染めの布が高々と干されているのが目に入る。近代文学の巨匠である茅盾の旧居があり、広場では影絵芝居が上演されている。路地に入れば生活感が垣間見える水郷の町である。

▲烏鎮　2007年4月

このような水郷を近くに持つ上海は、人口２４００万を超える大都市でありながら農水産業も盛んである。

２０００年前後頃の山東省煙台市の紹介と浙江省の寧波開発区の所感をここに転載するので、山東省と浙江省の姿や状況の参考にしてほしい。

■見聞紀行付記

２０００年前後、経済成長期に再三訪問した山東省「煙台市の紹介」と浙江省「寧波大開発区の所感」を掲載し、当時の二市の経済状況、また周辺の環境や生活の有り様を伝えたい。

〈中国煙台市の簡単な紹介　～２０００年９月～〉

煙台市は山東半島の東端にある風光明媚な海浜都市である。青島の北東約２００㎞、黄海をはさんで大連の南海上１６５㎞に位置する。北京、上海より毎日航空便があるが、青島より車で、大連より高速艇で、それぞれ３時間である。人口６３４万５０００人、そのうち市街区は１５６万８０００人である。気候が温暖で、果物が豊富であり、昔より「果実の里」といわれている。地名の由来は明代に倭寇の侵入に対し、狼煙台を築いたことにある。煙台人はおおらかで人情味があるようだ。

煙台市は、もともと農水産物の豊富な地として果実酒・缶詰など食品工業、また時計・人工皮革など軽工業を中心に発展してきた。近年機械部品製造、電子工業が発展段階に入り、工業としても発展。14の沿海開発都市のうちGDPは中位に属している。

地理的には黄海をはさみ韓国に近く、その関係は深い。週刊誌のグラビ

煙台市の位置（図）

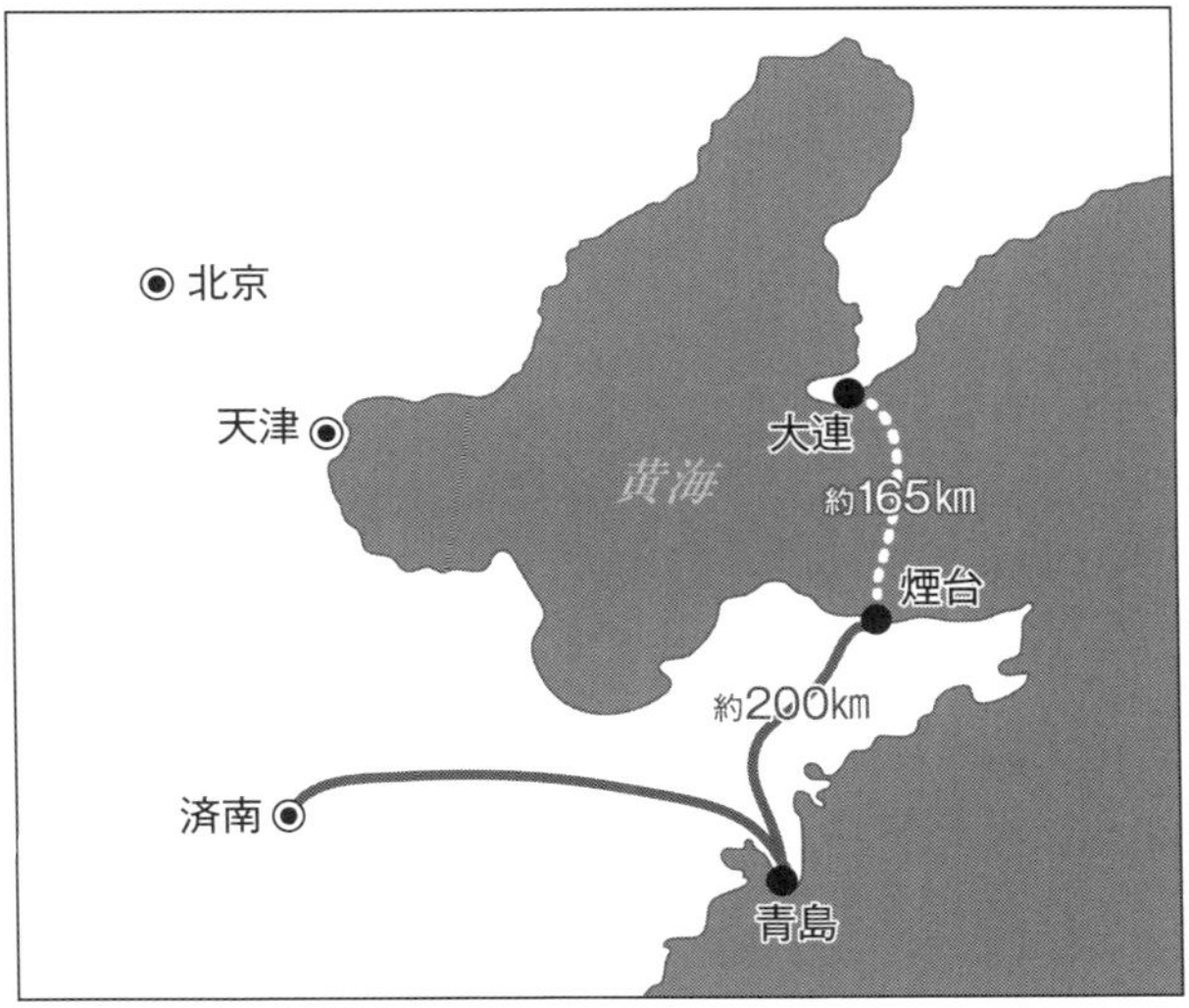

1999年統計

国内総生産（GDP）821.4億元	
第一次産業	146.7億元
第二次産業	420.7億元
第三次産業	253.1億元

煙台港貨物量	2,000万トン
輸出額	14.8億ドル
輸入額	30億ドル

アで煙台の漁村風景が紹介されたことがあるが、あまり日本人に知られていないのが現状である。

大日本インキ、日本電装、ニチレイ、三菱セメント、アサヒビールといった日本企業が進出していることもあり、現在、一部においては注目されつつある。

山東省は中国のカリフォルニアと呼ばれ、農業生産額は全国一であり、煙台はその主要地域である。主な農産物は、落花生、小麦、トウモロコシ、芋類であるが、日本にある野菜も栽培されている。果物ではリンゴ、梨、桜桃などがあり、中でもリンゴは煙台リンゴとして有名である。郷鎮企業の発展が目覚ましく、加工工場は急速冷凍、保存冷凍倉庫を有し、加工から包装まで一貫作業を行っている。主な輸出国は韓国であるが、台湾、日本にも輸出されている。

煙台は漁業資源もまた豊富であり、沿岸養殖地は広大。近海のみならず遠洋漁業も行われている。水産物はホタテ貝、車エビ、なまこ、アワビ等、70種類に及ぶ。また地下資源も豊富で、大理石をはじめ、鉱産物として、金、銀、銅、マグネシウム、モリブデン等を産出している。

煙台港は5万t級バースを持ち、コンテナバースも完成。国際港としての十分な能力を備えている。日本への航路としては横浜、名古屋、大阪、神戸、門司がある。貨物の積み出し港として、青島港、大連港も利用されている。

名所、旧跡として、北宋時代に建造された蓬莱閣、秦の始皇帝といわれの深い芝罘島があり、避暑地としても有名である。煙台市は治安もよく、生活しやすい都市である。合作においてじっくりやれば、良い結果が得られるであろう。

〈煙台市の現況〉

現在、煙台市の人口＝653万4000人、常住人口＝700万2000人、都市人口＝183万7000人である。

二つの国家級経済技術開発区と一つの国家級保税港区を有し、英・仏・米等17カ国の領事館も置かれている。2014年の市の総生産＝6002億8800万元で沿岸開発開放都市中全国第7位、山東省で第2位である。産業別比率は一次7・4%、二次53・5%、三次39・1%である。

即ち以前の一次産業より、二次、三次産業の増加が著しいようだ。都市住民の平均可処分所得＝3万5791元、農民の平均純収入＝1万6656元。2013年度の全国平均は都市住民＝2万6955元、農村住民＝8896元で、煙台市はかなり高い。もともと豊かで住みやすい街であり、農村や企業にも友人、知人がいるため、煙台市が各分野で発展している様子がうかがわれ、うれしく思った。

(『煙台概況より』２０１5年8月31日記)

〈寧波大榭開発区に対する所感　~２００2年12月~〉

インフラがよく整っている大榭開発区については、データ、投資条件等を開発区で作っている日本文の紹介資料に委ねることにする。

そもそも寧波に行き、大榭を紹介することになったのは、上海在住の元軍幹部が私の知人を通して紹介の協力を要請したことによる。また私の方も、大連在任中に寧波北侖港発電所の１・２期工事のストラクチャーを日、仏より受注し、１９８7年~１９８９年にかけて製造していることもあり、寧波にはもともと関心があった。

寧波へのアクセスは後で述べるとして、２００2年11月15日早朝、上海駅5時10分発の汽車で寧波に向かう。元幹部の姪《めい》であるZ女史が同行してくれた。汽車を利用したのは沿線の農村風景を見るためである。

浙江省に入る頃には明るくなった。杭州、嘉興平野、さらに寧波、紹興平野の水田地帯と水郷を目の当たりにしながら、寧波に着いたのは正午であった。

寧波市は田園地帯を背にした臨海都市である。四季がはっきりしており、温暖湿潤な気候風土であることは日本人に親しみやすい。市街は地方都市らしいたたずまいであり、清掃も行き届いている。夜、江東北路を歩いてみたが、中山西路、東路とも良い街並みである。

郊外25㎞の所には7000年前の稲作文化の河姆渡《かぼと》遺跡がある。また、「上有天堂、下有蘇杭」（天に楽園有り、地には蘇州、杭州がある）の成句があり、その杭州は近く、紹興酒で名高い紹興市は隣接都市である。

日本とのかかわりを言えば、古きは不老長寿の薬を求めて寧波から日本に向かったと伝えられる徐福伝説がある。近くには天台宗発祥《はっしょう》の地があり、平安時代に最澄がここに学び、日本の天台宗の開祖になっている。また、日明間の勘合貿易の入港地でもあった。

世界経済のグローバル化の中で、上海は地理的に東アジア、東南アジアのほぼ中心に位置し、商工業、金融の中心になりつつある。寧波は杭州湾をはさんで上海の対岸にあり、寧波港は北侖、老港、鎮海の3港よりなる。年間の貨物取り扱い量は2001年には1億2800万t、コンテナ120万TEUに達しており、上海に次いで国内第2位である。

杭州湾大橋が2006年に完成予定であり（2008年5月開通）、これが完成すれば上海から1時間半程度の所要時間となり、さらに便利になるであろう。

寧波には寧波経済技術開発区（面積29・6㎢）、大榭開発区（35・8㎢）、寧波保税区（2・3㎢）、寧波輸出加工区（3・4㎢）の四つの大きな開発区があるが、今回紹介するのは大榭開発区である（注：2008年に寧波梅山保税港区が許可され、五つになった）。

大榭島は市街地より道のり40㎞、車で40分くらいのところに位置する島である。この開発区は1993年3月に認可され、中央政府の直属である中国国際信託投資公司（CITIC）が建設と運営の任に当たっている。

大榭開発区の特色と思えるものを挙げてみよう。

①この開発区は小島に建設されており、従って港湾一体の開発区である。沿岸都市の開発区でも、このような条件は少ない。

②本島は長江河口付近に位置するため、原材料を含めた貨物の集積、成品を含めた積み出しに、非常に便利である。

③本島周囲の水深が深く、万t級の接岸が容易である。25万tバースもあり、将来、国際的に重要な港湾となり得る。

大榭の特色をみれば、倉庫運送、港湾産業に適している。内外の各社が参入し、中国石油化学公司の基地、またイギリスBP社のLPGターミナル（160万㎥）などがある。

　私は、大榭開発区がその地理的・位置的優位性と港湾一体となった開発区の特色を生かすこと、また中国内外の企業がその利点を利用すること、とりわけ日本企業が注目、利用することを期待する。

　2008年9月、東大寺南大門の斗拱構造の原型をこの目で確かめるために寧波を訪ねた。5月に開通した杭州湾大橋を車で渡り抜け、寧波ブドウで知られたブドウ園をさらに丘陵地帯を走って保国寺に着いた。そして建築技法と境内のたたずまいに思わず感嘆し、南大門再建のために1167年、宋へ渡った僧重源の心意気を思い浮かべた。

▲斗拱に学んだ南大門

▲本土と結ぶ大橋。橋の向こうは工業区、手前は行政区（遠く船山島が望める）
2008年9月

その後、大榭開発区の状況を確認し、鑑真が日本への渡航中遭難して逗留した阿育寺を参拝した。

寧波は古くより日本と「海の道」を通してつながった地である。


（2015年8月31日記）


20年近い知り合いである山東省煙台市の白氏が2015年7月13日、息子さんと蓬萊市の元市長をともなって広島を訪ねてくれた。

かつて大連にいた私が煙台の造船所や機械工業の状況を知りたいとの話が大連港幹部の時徳有氏からあったことが、その後公私ともに交流のきっかけとなったと話していた。やはり同じ頃、陝西省電力局の賀主任とも交流がはじまったことを思い出す。2002年に青島で日本の貨物船を建造したときは、大連、煙台より差し入れや陣中見舞いがあり、仕事の上でも大いに役立った。そして進水式を終えたら夫婦そろって西安に招待された。これは私の中国での最後の仕事であり集大成であったため、皆さんの応援には感謝し、うれしく思った。

また皆さんのお陰で中国各地を探訪でき、より広く中国を知り得たことは私の幸せであった。

■北京より大同へ

北京には大連在任中、よく出張したが、政府の膝元で官僚じみたところがあり、あまり好きになれなかった。ただ北京飯店の中華料理と旧館ロビーに屯《たむろ》する乙に澄ました北京美人にひかれ、時々通った。私は王府井よりどちらかといえば西単街の方をよくぶらついた。帰国後は10年ほど北京には行っていない。

２００４年４月、北京より列車に乗り、大同から車で西安に行くことにした。２０００年頃より北京では、天津市造船所の紹介で王府井の横丁にある台湾飯店に泊まった。比較的西欧人も多く気楽であり、出かけるのに便利な所であった。

煙台から北京案内、列車の予約、切符購

▲天の楽園天壇　2004 年 4 月

入などのために世話人をよこしてくれたので、まだ行ったことのない天壇公園に足を運んでみた。明、清の皇帝が五穀豊穣を祈ったといわれている場所である。傘を広げたような屋根の建物は高さ38ｍもあり、２７０万㎡の敷地は心を伸び伸びとしてくれる。いわゆる「上有天壇（天には楽園あり）」である。帰りは静かな裏口に抜けると、自ずと心が和んだ。

この時より北京に行けば天壇に行き、小商店が並ぶ大柵欄街をぶらぶらすることにしている。また王府井も身近な街となった。裏窓より昔からの胡同を見下ろせるのもよい。

■大同より西安へ

北京より早朝、快速列車に乗り、張家口を通って昼過ぎ、大同に着いた。列車が大同に近づくにつれ、荒地に灌木の植林が行われていた。隣席の中国人の話によれば、日本人がボランティアで植林に協力しているそうだ。

大同駅には白氏の娘夫婦と同じ銀行に勤める青年が出迎えにきてくれた。まずはホテルで車の手配を決め、第一の目的地である中国三大石窟の一つである雲岡石窟を見ることにした。大同市の西15㎞の武周山西麓にある。遊牧民である北魏が西域より僧曇曜《どんよう》を招き、４６０年から掘り始め、洛陽に遷都後も掘り続けられたという。石仏は丸顔で、

▲雲岡石窟のある山麓（2004 年 4 月）

▲雲崗の石仏（2004 年 4 月）

目が印象的であり、また堂々とした体躯である。これは遊牧民の力強さを表したものであろう。そのため石窟の近景写真と堂々とした石仏写真を載せた。また大同近郊には断崖に宙吊りされたように見える有名な懸空寺がある。見る者を圧倒する石工の築造である。

大同賓館に1泊して積雪した呂梁《りょりょう》山脈を山越えし、太原に入った。山西大酒店に2泊し、城郭都市（平遥古城）、双塔寺、晋祠、玄中寺などを見て回ったが、472年に高僧曇鸞《どんらん》により創建された玄中寺の、緑の山々に囲まれたたたずまいに魅せられた。日本の浄土宗の祖庭として知られている。

河南、陝西、山西の三省が境を接する三門峡で陝西省電力局の車に迎えられ、西安

▲積雪した呂梁山脈の連山　2004 年 4 月

に入った。
ここまで5泊6日の旅であり、西安、延安、洛陽、開封などを経て上海に帰ったのは2週間後、長旅であった。

■済南～泰安～曲阜

山東省は農水産物のみならず鉱物資源にも恵まれた地であるが、郷鎮企業も比較的、早く発達したため豊かである。東部は煙台をはじめ威海などの都市、萊陽《らいやん》などの農村は白氏の案内でよく歩いており、坂道のある港街・青島は天津大学の蘇教授と再三訪れている。しかし済南、泰安、曲阜はよく知られた所でありながら訪問地より抜け落ちていた。そのため煙台工業局の世話で2005年5月、省都済南にある山東省工業庁、農業庁を訪問することになった。銀行も協力してくれ、泰安と曲阜にも足を延ばすことになった。

平度を過ぎれば華北平野となる。「揚げ凧《たこ》」と新設の開発区で知られる濰坊を通り済南に行った。省庁では用水路の汚染、化学肥料の大量使用などが話題となった。

鶏糞を用いた有機肥料30ｔを試験用として大連より煙台に送ったことを伝え、実のある意見交換ができた。済南には千仏山の境内の崖に唐代に彫られた多くの仏像があり、千仏山の名前の由来となっている。頂上より市内と黄河の流れが一望できる。済南では

▲滔々と流れる開封の黄河　2004 年 4 月

▲済南を流れる黄河　時には断流　2005 年 5 月

黄河の水量が減少し、年に一度断流することがある。千仏山のふもとには竜山文化の陶器など、貴重な収蔵品を有する山東省博物館がある。

余談ではあるが、済南は朝鮮料理が意外に多い。済南には2泊し泰安には1泊した。

泰安は済南の南２００㎞のところにある。泰山、岱廟は歴代の皇帝が天地を祭る封禅の儀を行った言わば聖地である。泰山は標高１５４５ｍで頂上まで７０００段の石段が続く。中国五岳の長といわれている。私は中天門までは山道を車で上がり、そこより南天門まではロープウエーを使った。

そこから玉皇頂までは風光明媚な山景を楽しみながら、ゆっくり登る。登り下りする中国人たちは生真面な顔つきであった。

▲山頂に続く泰山の参道　2005 年 5 月

泰山では西欧人は見かけたが日本人を見ることはなかった。陝西省の華山でも同じ経験をした。

孔子の故郷の曲阜は泰安より南に車で1時間余りで、市内は歩き回れるほどの小さな町である。曲阜には「三孔」といわれる、大成殿のある孔廟、孔子一族の住んだ孔府、孔家代々の墓地のある孔林の3カ所がある。批判されるのを承知で言えば、儒教は天下を治める「治世の思想」であるが、日本では忠孝の教えである。5月の時候のよい時でもあり、どこに行っても数人の日本人に会えた。観光地らしくよく整備されているが、繁華街の一郭には壊されたままの建物があった。文化大革命期の※「批林批孔」の傷跡であろうか。他市でも90年代にはよ

▲岱廟の山門　2005年5月

く見かけた。

※批林批孔…江青ら四人組による林彪と孔子を結びつけた批判。本当の攻撃目標は周恩来であったといわれている

▲大成殿　2005 年 5 月

▲孔廟内での周の礼楽の演奏　2005 年 5 月

見聞紀行として中国の様相の一部をかい摘んで記載した。私が訪れたのは四つの直轄市と14省の18カ所で、中国全土の約6割である。十分とは言えないが、下手な中国語でも自分の言葉で工場、市場、農村でなんとか話が通じたようだ。中国では、あなたは本当に日本人かと言われたことがよくあった。その時はいつも「日本的緑林（日本の無頼の徒）」と答えていた。

第三章　習近平政権下の現状評価

習近平政権の方針と手法から見る中国の現状

最近、習近平政権下での株価暴落や中国経済の減速の懸念、天津の爆発事故などが、反腐敗、ＡＩＩＢ（アジアインフラ投資銀行）、南シナ海などの諸問題を後ろに押しやった感がある。多少なりとも中国を、関心を持って見ている人は、諸問題の要因は共産党による一党独裁と同根であると気づいているであろう。このような現状については様々な見解が語られている。

２０１２年11月の第18回党大会、２０１３年3月の第12期全人代で習近平・李克強の新指導体制が生まれた。第18回党大会において胡錦濤は、２０２０年には２０１０年のＧＤＰを2倍に、個人所得も2倍にする「二つの2倍増（双翻番）」と経済成長路線を政治報告の中で強調した。また、国有経済への強い支持（国進民退）を追認。「国際的地位と国家の安全」のため「国防の強化と強大な軍隊の保持」を表明している。その直後より習近平は「中華民族の夢」を繰り返し述べるようになる。そして政策を実施する足固め（権力の承握）のため、不正腐敗の取り締まりと綱紀粛正の断行を開始した。

習近平政権の出発となる方針と手法を元に様々な見解を吟味、参考にしながら経済実態を含め、中国の現状を考えてみたい。

主要な産業関連指標の対前年同月比

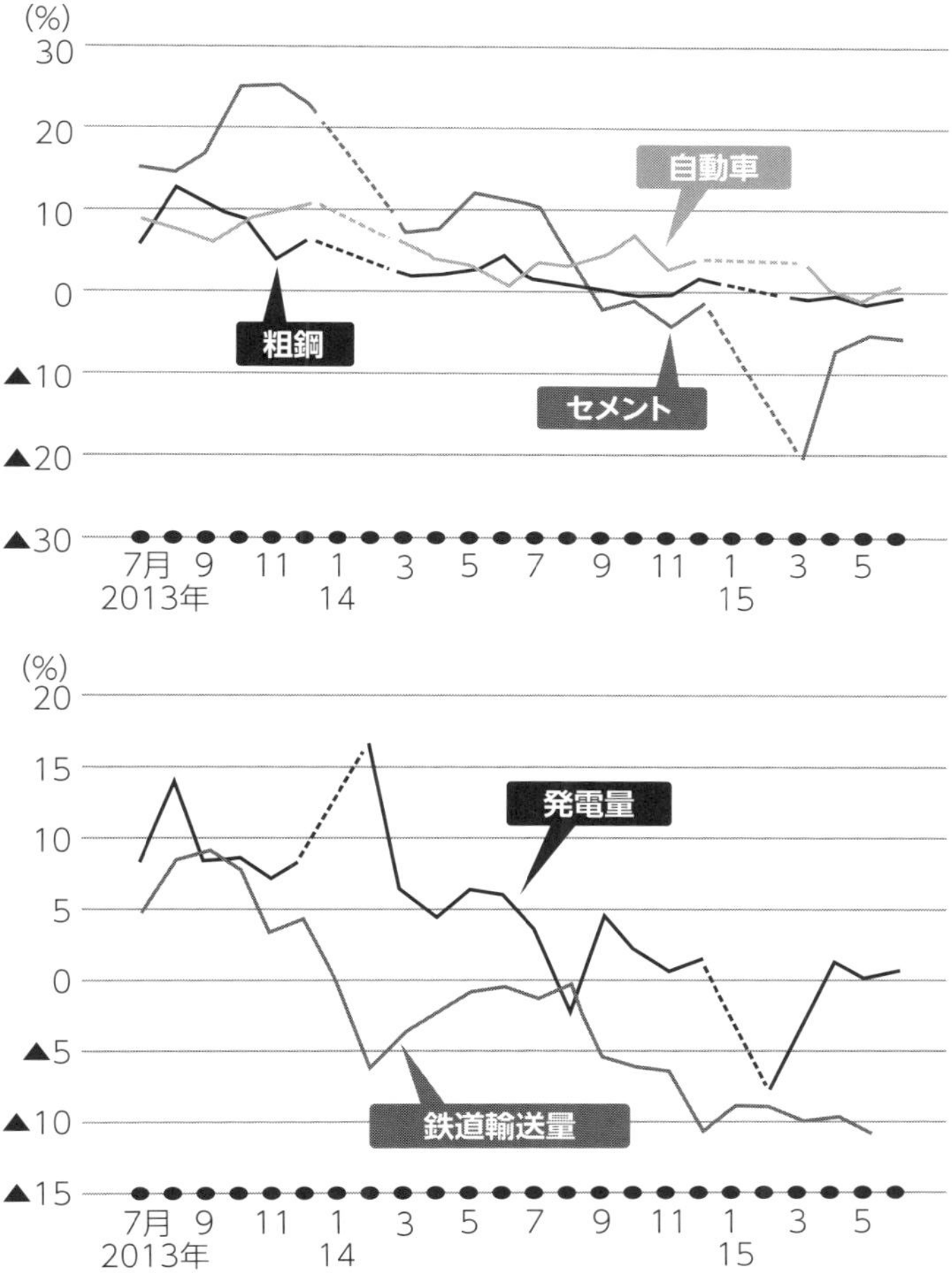

（注）発電量は１～２月合算、粗鋼、セメント、自動車は１～３月合算
出典：中国国家統計局

Column
01

◆現代・中国を見る

なぜ、株価は暴落したのか

中国の代表的株価指数である上海総合指数は、2015年6月12日の高値（一時5178ポイント）から7月8日には3507ポイントに、32％暴落した。これは元金を担保に数倍の資金を投資する「レバレッジ」による信用取引残高が6月12日には2兆2664億元（約45兆円）に達したことにより、信用取引の規制強化が発表された。これがパニック売りにつながった。左下の経済指標に見られるように、2014年よりGDP成長率や不動産投資が減速・減少している。そのため、株式を「不動産や理財商品に変わる新たな投資先」にしようとする意図的な官製バブルと見る向きもある。人民銀行総裁もバブルであったことを認めている。中国政府の経済政策のちぐはぐさが読みとれるが、その変動を激しいものにしたのは「場外配資」と呼ばれる中国特有のヤミ信用取引と個人投資家の暴走であろう。中国経済、特に金融市場は透明性の確保が発展の前提であると常々言っていることである。シャドーバンク（影子銀行）の問題についても、〝経済通〟といわれる李克強首相の説明を聞いたことがない。アジアインフラ投資銀行（ＡＩＩＢ）に参加した国々の事情はある程度理解できるが、特にアジア諸国は「石橋をたたいて渡る」ことが必要であろう。
また日本には上海株価暴落を見て、中国経済の崩壊を語られる先生方もおられる。しかし経済は現政権のアキレス腱とはいえ、中国はいまだ発展途上国であるとの認識に立つことが必要である。ただ対外的暴走に走る危険性を注視しながら対処すべきである。

中国株が暴落

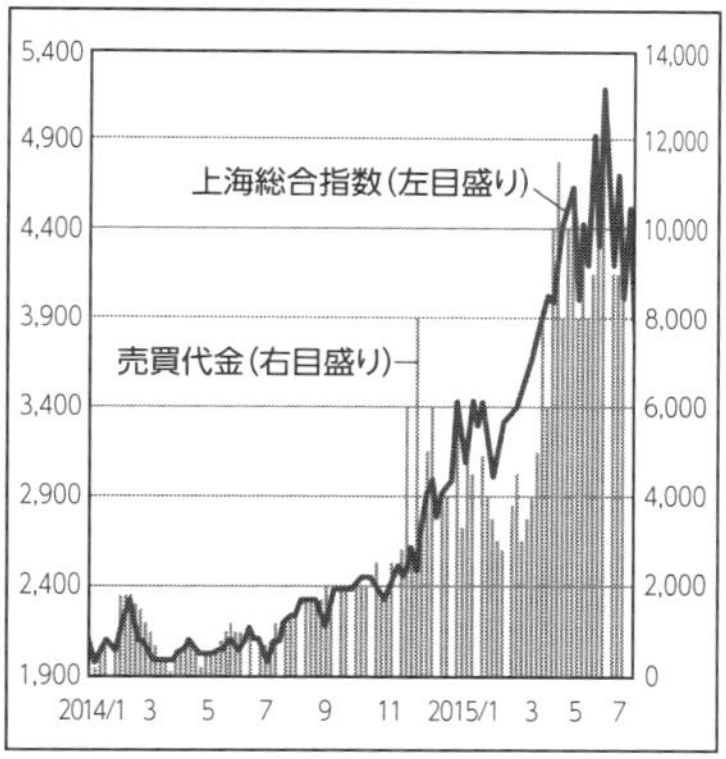

出典：CEIC より第一生命経済研究所作成

中華人民共和国・経済指標

前年比、%

	2009年	10年	11年	12年	13年	14年	15年
実質 GDP 成長率	8.7	10.3	9.2	7.8	7.7	7.4	7.0(予測6.8)
固定資本形成	30.1	23.8	23.6	20.6	19.6	15.7	13.5
不動産投資	19.9	33.2	27.9	16.2	19.8	10.5	8.5
小売総額	15.5	18.4	17.1	14.3	13.1	12.0	10.6
輸出	-16.0	31.3	20.3	7.9	7.9	6.1	4.7
輸入	-11.2	38.7	24.9	4.3	7.3	0.4	-17.6
消費者物価上昇率	-0.7	3.3	5.4	2.6	2.6	2.0	1.4
マネーサプライ(M2)	27.7	19.7	13.6	13.8	13.6	12.1	11.6

出典：中国国家統計局・商務部・中国人民銀行

中国の景気テコ入れ策

2月	預金準備率を 0.5%幅引き下げ
3月	金利を 0.25%幅引き下げ
4月	預金準備率を 1.0%幅引き下げ
5月	金利を 0.25%幅引き下げ
6月	金利を 0.25%幅引き下げ
7月	李克強首相が経済対策に 2500 億元（約５兆円）以上を投じるよう指示
8月	人民元を実質切り下げ

習近平の人物像

まず、人物を知ることより始めたい。

現代中国研究の第一人者・毛里和子教授によれば、習近平は１９５３年6月、陝西省富平の生まれ、父親は革命の第一世代、元副総理・習仲勲である。清華大学人文社会学院でマルクス主義理論を学び、文化大革命期は父の関係で下放されて苦労する。１９７５年に清華大学化学工程系で学び、１９７９年より国務院で工作。その後、河北省、福建省、浙江省で工作。２００７年より政治局に抜擢され、中央軍事委員会と、国家の副主席に選ばれ、２０１２年59歳で中国のトップとなる。中央入りしてから習近平は慎重で、素顔を示すことはなかった。

一方、李克強は習近平より2歳若い安徽省出身。北京大学法律系・経済学院出身で、法学と経済学の博士号を持つ秀才の誉れが高い。学生時代より共青団で活動。１９８５年から8年間、共青団の中央書記処書記を務める。河南や遼寧省で党書記を務め、２００７年より中央で活躍。早くより胡錦濤の後継者といわれ、国務院総理となる。二人とも能力と若さで期待されるリーダーである（『21世紀の中国　政治社会篇』朝日選書参照）。

駐中国大使として直接に接した二人の外交官の目を借りてみよう。

宮本雄二元大使（２００６年３月より２０１０年７月まで駐中国大使）は、２００９年12月、習近平が国家副主席として訪日した際、首席接伴員として全行程に同行した。訪日前、日本のある代表団と習近平との会談に同席し、会談終了後「訪日が近づきましたが、何かお手伝いをすることはありませんか」と聞いた。すると、「先月、夫人が訪日した時に日本政府や日本大使館に大変お世話になり、感謝します」と返ってきたという。難しい仕事を頼まれるかなと思っていたので拍子抜けしたが、ほほ笑ましく感じたと述べている。

また在日中、仕事が終わってホテルの部屋に入ると、秘書官に別室へ通された。そこではスタッフたちがリラックスしていた。これだけ高い地位になっても周囲をリラックスさせる雰囲気を醸し出すことを習近平はできる。そして人の話をよく聞く。自分で話すというより人に話させるタイプであると感じたという（『新潮45』参照）。

次に経済人であった、丹羽宇一郎前中国特命全権大使（伊藤忠商事元会長、２０１０年６月より２０１２年10月まで駐中国大使）。習近平は日本や台湾に近い福建省に14年いただけに、福建省と姉妹都市の関係にある長崎の知事や県会議長が訪中した時は必ず会い、同席した。父親が共産党幹部だったために文化大革命の時代、下放経験があり、若いときに苦労している。ゆえに人間的には弱者の気持ちを理解できる人物であると思う。私はこれまで十数回会っているが比較的、親日派でフェアな人物という印象を持っている。彼は会うたびに「両国は住所変更ができない間柄ですね」と繰り返し口にしたと話している（『中国の大問題』ＰＨＰ新書参照）。

それぞれ三人三様の見方があり、どれも本当の話であり、私にはよく分かる面がある。企業の一介の現場技術屋にすぎないが、私はひとりの国務常務委員・部長（大臣）・省の党書記と会ったことがあり、中国の幹部より受ける共通した印象を感じた。そして、共に汗した作業者や老百姓《ろうぱいしん》の見る目も知っている。また「抗日戦争と世界反ファシズム戦争勝利」の記念式典や軍事パレードで見せた「強面」もひとつの側面である。物分かりのよさそうな温和な面と強面の二面性が、中国幹部の特質であろう。

次に中国の抱える問題へのアプローチの仕方より諸意見を見てみたい。

先に紹介した宮本雄二元駐中国大使は言う。２００８年のリーマンショックを起源とした米国発の世界不況が起こったが、中国は4兆元の緊急対策を打ち、世界に先駆けて立ち直った。そして２０１０年には日本のＧＤＰを抜いて世界2位に躍進。かくして自己主張を強める中国の対外強硬姿勢が２００９年頃から目立ってきた。ただ国内の様々な深刻な課題を解決するには経済の持続的発展が前提となる。グローバル経済は平和で協調的世界を前提条件としており、対外強硬姿勢はその前提条件を崩す。中国は国内統治にナショナリズムを必要としており、対外強硬路線を求め、同時に強い軍隊を求める。中国が対外強硬一本やりを続けることは、共産党が国内をコントロールできなくなったことを意味する。**①中国共産党が抱える根源的な問題は、中国経済の空前の成功が複雑で多様な現代社会を創り出しつつある現実そのものである。**その現実に共産党の制度と考え方が適応できていない。また正面から、この挑戦に立ち向かう準備もできていない。**②それは伝統的な価値感をどこに位置づけるかの問題であり、中国もまた自分自身を取りもどす旅の途中なのだ。**

①は重要な視点であり、共産主義の「こうあるべきの考え方」が「災い」している。社会や時代の変容への対応は、我々自身も問われている。これは私が常日頃考えていることである。②は宮本氏の中国への思いが伝わってくる一文であり、中国に対し、心すべきことであろう。

民間出身の初の中国大使であった先出の丹羽宇一郎氏は商社マンとして30年、中国大使として2年半、つぶさに中国を見つめ、中国の政財界のトップたちと付き合い、国境近くの僻地まで実際に歩いて回ったと話す。「はじめに――驕《おご》る中国に目を凝《こ》らせ」の冒頭にもある通り勢いづく中国だが、しかし目を凝らせば、そのうち実は数々の難問に直面していると指摘している。拡大する都市と農村の経済格差、国有企業の杜撰《ずさん》な経営体質、テロや暴動が絶えない少数民族問題、要人たちの汚職と不正蓄財など…。中国と付き合っていくとき、こうした病める中国の姿を正しく見据えることも必要である。

丹羽氏は続ける。中国にとっての少数民族問題は貧富の差の問題であると同時に宗教問題をはらんでいる。2008年のラサでのチベット人の暴動、2009年のウルムチでの治安部隊との衝突に始まり、2013年の天安門前のウイグル人家族の車の突入。彼らの動機が貧富の差なのか人権問題か民族の政治的不満なのか、あるいは複合的要因なのかまだ分からないと見ている。

概《おおむ》ねそうであろうと私も思うが、地方開発で恩恵を受けたのは、それに合わせて流入してきた漢族であり、とりわけ辺境地域に住む少数民族の生活は貧しい。宗教は本来、人の心の問題より出発したものであり、信教は自由なものである。中国共産党は、「宗教は阿片《あへん》である」とみており、道教、仏教、イスラム教、キリスト教などの協会を通して、国務院当局の指導監督下に置いている。宗教は取り残された大きな社会問題のひとつである。

現体制が最も頭を痛めているのは農民工で、人口の2割が「都市に流れた農民」である。「都市戸籍」と「農村戸籍」との格差が著しく、農民たちの鬱屈が積もりに積もっている。丹羽氏も、戸籍により教育や医療などの公共サービスや労働条件、社会保障が違っていることを指摘している。大事な指摘である。これについては国民生活にかかわる章で十分説明することにする。これらの問題解決については習近平が『中華民族の夢』でたびたび語ってきた。しかし、丹羽氏は２０１７年までが習体制の正念場とみている。それは中国各地を見て回り、また経済人として経済の成り行きを予知できる人であるからであろう。さらに習体制の弱点とみているのが「一党独裁の限界」であり、その行き先は「連邦国家になる以外に道はない」という。

この後、エコノミストやアメリカ（ニューズ・ウィーク等）の諸見解を見る前に、人口・教育・出生率などより文明・文化を分析した『帝国以後』の著者、エマニュエル・トッド氏の最近の中国評を紹介したい。

中国は経済的にも軍事的にも帝国ではない。一見、中国の最高指導者たちは偉そうに見えるが、実はそう賢くはない。彼らの進路を決めたのは中国の膨大な人口を安価な労働力として使ってきた西洋のグローバル企業である。軍事技術も高いものではない。その巨大な国家が、ナショナリズムの熱狂によって自ら戦争に突き進んだヨーロッパの大国と同じような振る舞いをしている。中国は現在、猛スピードで高齢化社会に進んでいるが、年金や社会保障制度ができていない。これがいずれ社会不安を増大させるであろう。中国はＧＤＰで日本を抜き、世界第２位の経済大国となったが、ＧＤＰの40～50％がインフラ整備などの総固定資本形成を占めている。一方、GDPに占める個人消費は35%と低い。日本やアメリカの個人消費は60~70%台である。中国のこの数字は中国経済が外需に依存し、輸出頼みの不安定な経済構造であることを示している。客観的データや状況を見れば中国を必要以上に大きく見ることはできないが、ヨーロッパにとっては低賃金で製造される原価との差額によって生み出される利潤に魅力がある。即ち一つは「幻想の中国」ともう一つの「現実の中国」の二つの中国がある。

「幻想の中国」では経済成長が進んで富が分配され、有能な指導者が共産主義より資本主義への転換を成功させるとみる。

中国景気は不透明感が強い

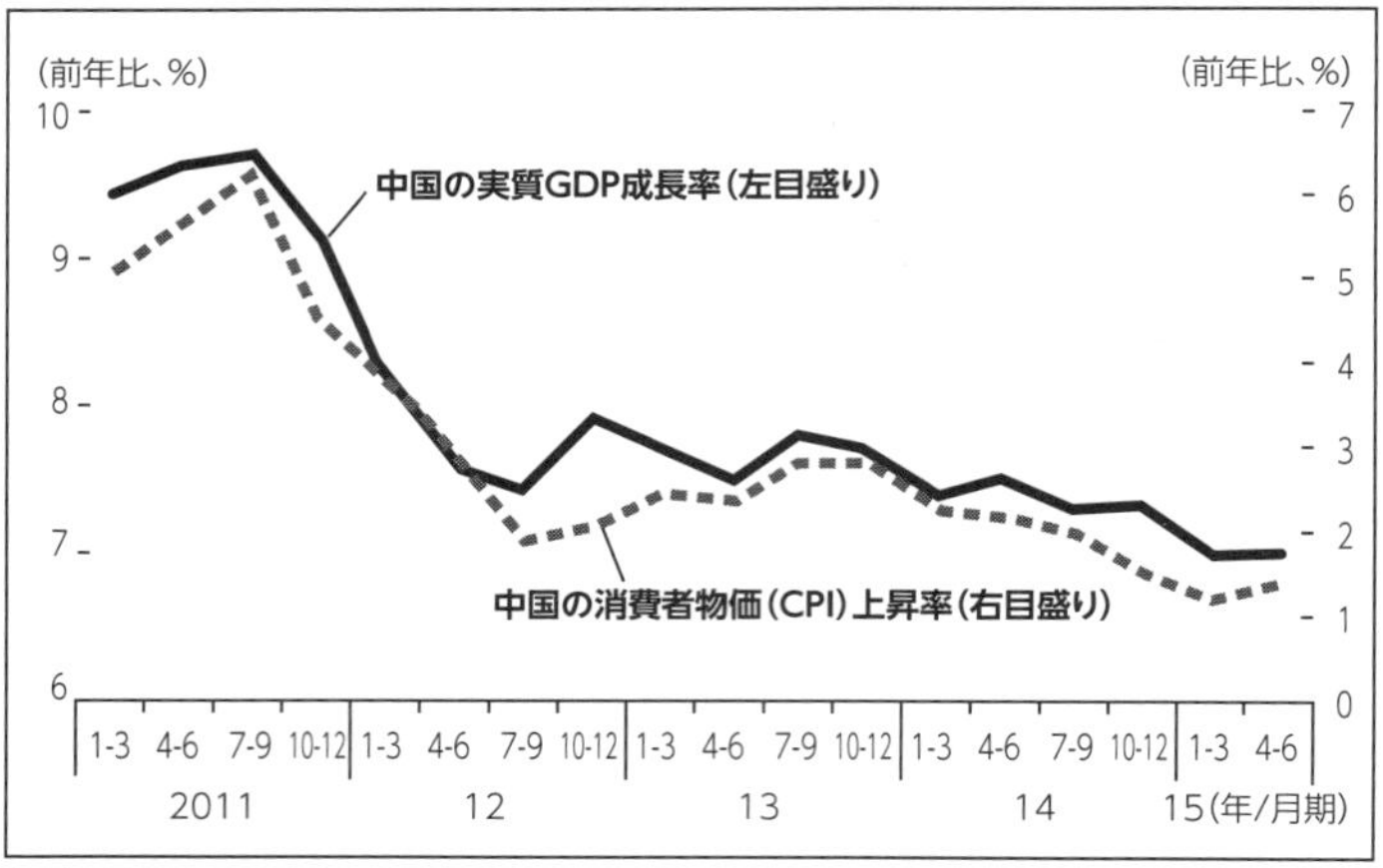

(注) 消費者物価(CPI)上昇率は、前年同月比の四半期平均値

出典:中国国家統計局よりEY総合研究所作成

一方「現実の中国」は急激に進んだ経済成長が不安定さを抱え、苦悩している。最高指導者は十三億の人民を支配している実力を自負しているように見えるが、実のところ国内のアンバランスな現状をうまくマネジメントできずに戸惑い、途方に暮れているのが実情であろう。今後の中国については確定的なことは言えないが、想定される数々のシナリオのうち最良のもの、即ち経済成長を持続し、国内消費が増え、権力が安定し、腐敗も減っていくような素晴らしい未来だけは考えられない。我々は中国が抱える矛盾について、今まで以上に関心を払う必要がある（『文芸春秋10号』談）。本質をついた参考になるひとつの見方である。

中国の輸出・輸入の前年同月比

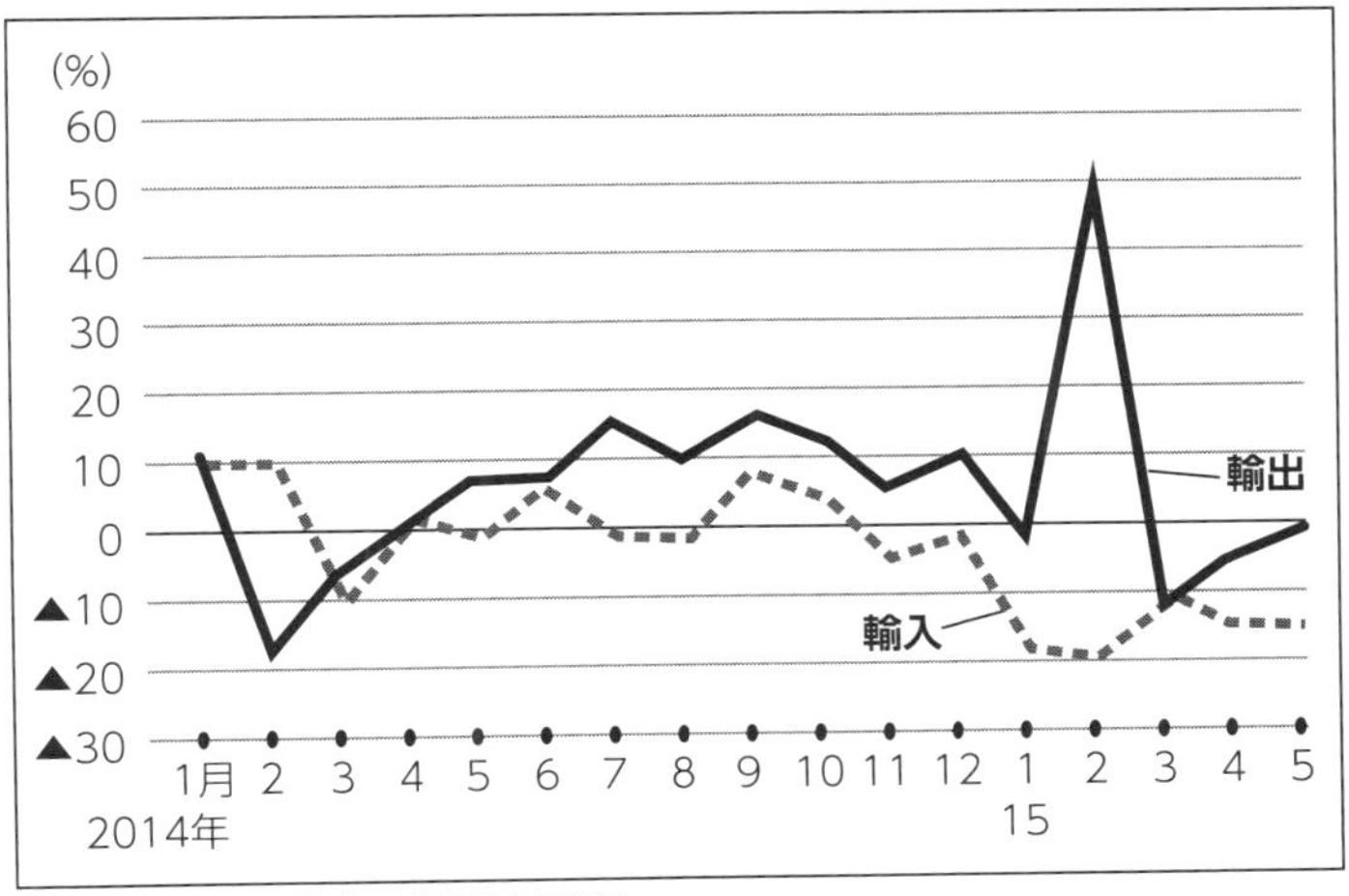

（注）ドル建て　出典：中国海関総署

Column
02

◆現代・中国を見る
抗日戦勝利記念の軍事パレード

対日戦勝70周年記念行事として2015年9月3日、北京で軍事パレードが行われた。今までは建国10周年ごとに建国記念日10月1日に行うのが慣例であった。これは習近平政権が歴史認識を巡る対日攻勢を継続する宣言であろう。

軍事パレードでは新型ミサイルなどを公開し、軍事力を誇示、日米への牽制を演出した。それは東シナ海や南シナ海の領有権主張の強い表明でもあろう。一方、旧式の軍隊とされる30万人の兵力削減を発表し、硬軟両様の使い分けをしている。

ここで注目しておくべきことは、その背景に習政権になって経済の減速が表面化し、その対応に迫られている事実がある。そのためか対外強硬姿勢が目立ち、国内的には腐敗幹部の逮捕と並行して言論統制を行い、各地で人権派弁護士や活動家が公安当局に連行されている。これは1931年の満州事変の頃の日本に似ていないだろうか。当時の日本軍国主義国家と同じく、現中国共産党による独裁国家は全体主義である。

今般の抗日戦争の話題を巡って、テレビなどで諸先生方は、抗日戦争を戦ったのは国民党軍であり中共はその結果を横取りしたと誤った見方をもっともらしく語っている。中共は満州事変に対し、東北地方で〈倒蔣抗日〉のゲリラ戦を遂行し、日中戦争中は国民党を含めて挙国抗日として抗日民族統一戦線に結集している。日本軍に対し、国民党は正面戦を、中共はゲリラ戦を戦っている。そのためコミンテルンが国民党を過大評価したのであるが、それと同じ誤りが前述の見方となっている。

また日米・米中関係を見るとき、中東における混乱はアメリカによるダブルスタンダードが大きな要因であったことに留意しておくべきであろう。とかく日本人は単純思考に陥りやすい性向がある。外交音痴にならぬように気をつけなければならない。安全保障は軍事のみではない。食糧安保もある。今、日本に求められているのはタフな外交力であろう。

軍事パレードで天安門前を通過する、トレーラーに積まれた中距離弾道ミサイル「東風２６」（写真提供：新華社＝共同）

次に『ニューズウィーク（2015年9月1日・08日本語版）』よりアメリカの論調を見よう。岐路に立つ中国としてロバート・ロゴウスキー（ミドルベリー国際大学院教授）がまとめている。それによれば、「中国経済は昔の交易の中心地・バザールに似ている。一見したところ活気に満ちているが迷路のように入り組んだ市場にはどす黒い秘密が隠されている」。もっともとも言える表現であり、これは私が実務を通して知った社会でもある。そのためメディアは期待感から過大評価する傾向があり、「中国経済崩壊！」という論調も誇張の可能性がある。金融市場に気まぐれは付き物だが、それを抑えこむ一番いい方法は正直な会計処理と透明性を確保することだとされている。

ロバート教授は続ける。「中国は、もはや1年で何センチも身長が伸びるような成長期の子どもではなく、成熟した大人として落ち着いた進歩を遂げる必要がある。まずはデータのブラックホールに光を当て、経済の透明性を高めることより始める。中国の発展を牽引してきたのは目覚ましい経済成長である。政府は近年『新常態（ニューノーマル）』のスローガンを掲げ、穏やかで持続可能な成長路線への転換を進める諸策を試みている。

中国経済は30年に及ぶ発展が目覚ましかったがゆえに大きな問題を抱えている。債務残高の対ＧＤＰ比は急激な上昇を続けており、根本的ガバナンスの問題を露呈している。地方政府歳入の半分近くを土地の売却収入が占め、その他の収入の大半も地方融資平台

新築住宅販売価格上昇率（前年同月比）

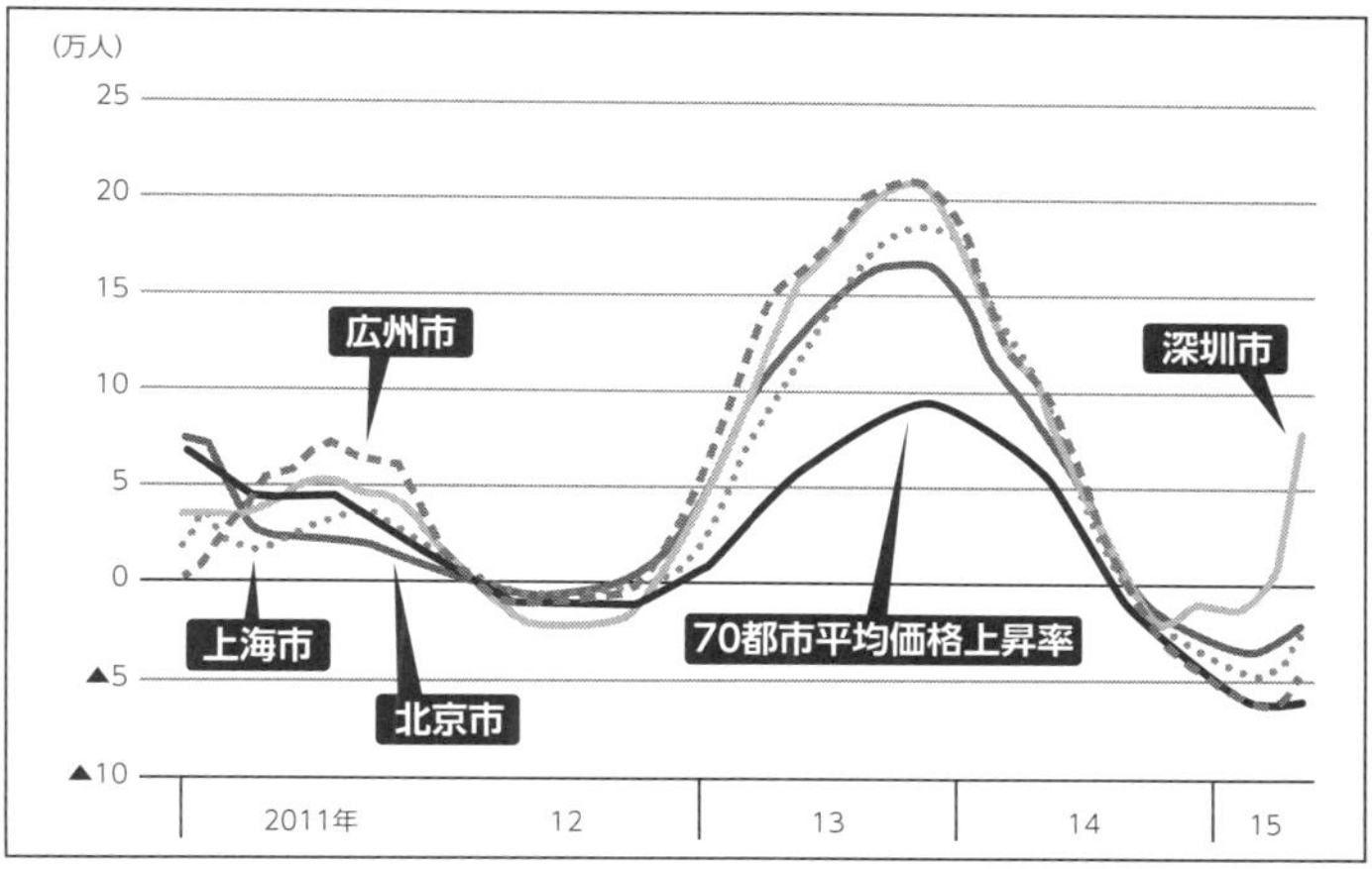

出典：中国国家統計局

主要 70 都市の住宅価格・前月比

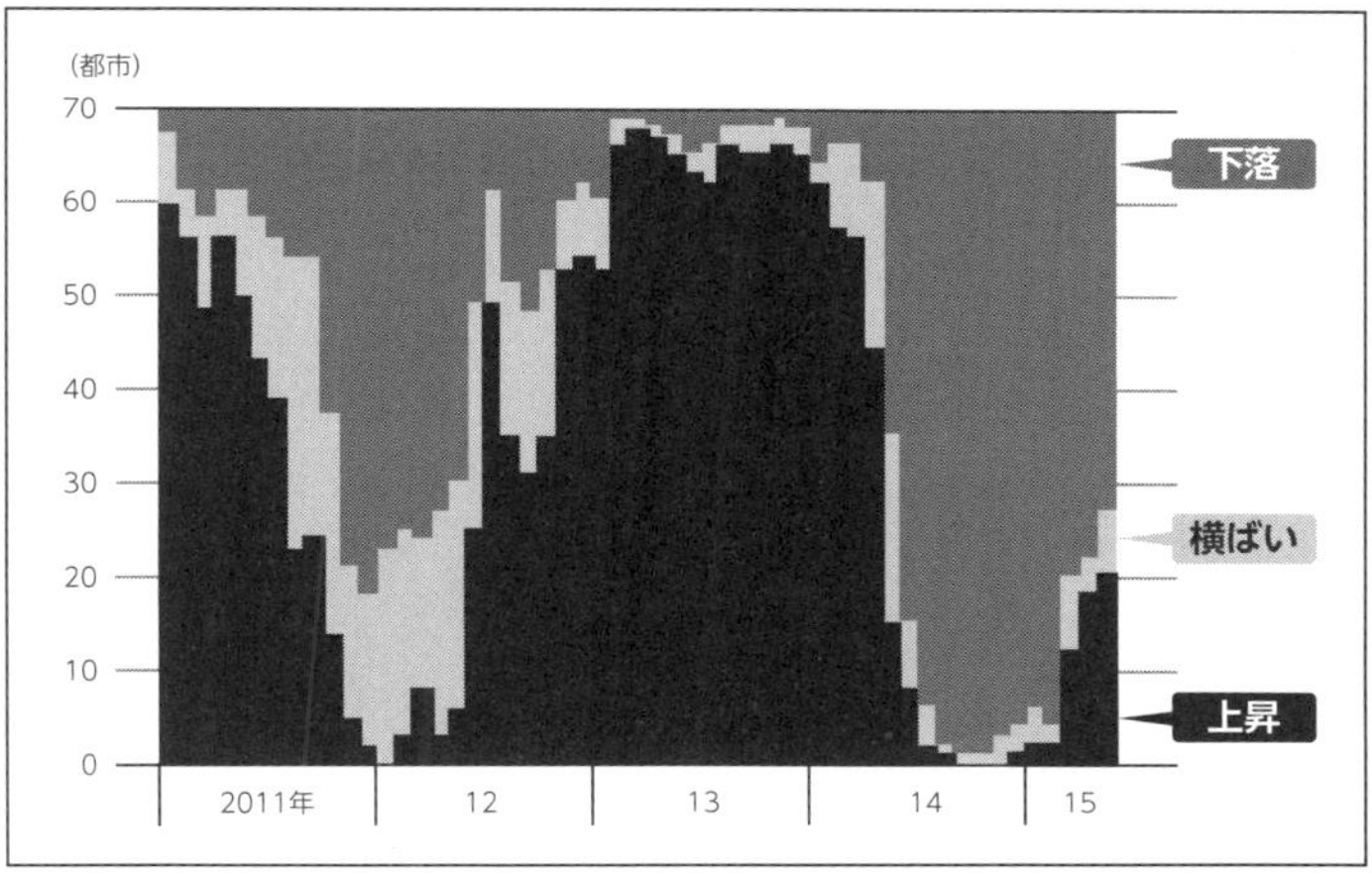

出典：中国国家統計局

（銀行融資を受ける際の受け皿会社）の迂回融資である。中国の不動産市場の潮目は変りつつあり、新築住宅価格は下落、供給過多で都市部では２割が空屋といわれている」と。

「ニューノーマル」というスローガンは中国経済を揺るがす様々な要因を正常《ノーマル》で望ましくコントロール可能なものであるかのように見せる巧みな表現であるが、実態は違う。ロバート教授の論文を長々と引用したのは、アメリカの研究者らしい分かりやすい説明と思われたからである。ここで失業率のデータを補足しておく。

教授が不透明性として挙げている「失業率４％神話」についてだが、中国統計年鑑では２０００年３・１％で以降は４・０％～４・３％とされている。各地で事情調査したところでは15％説もあったが、大体８％前後と判断している。２０１５年

都市部新規雇用者数の推移

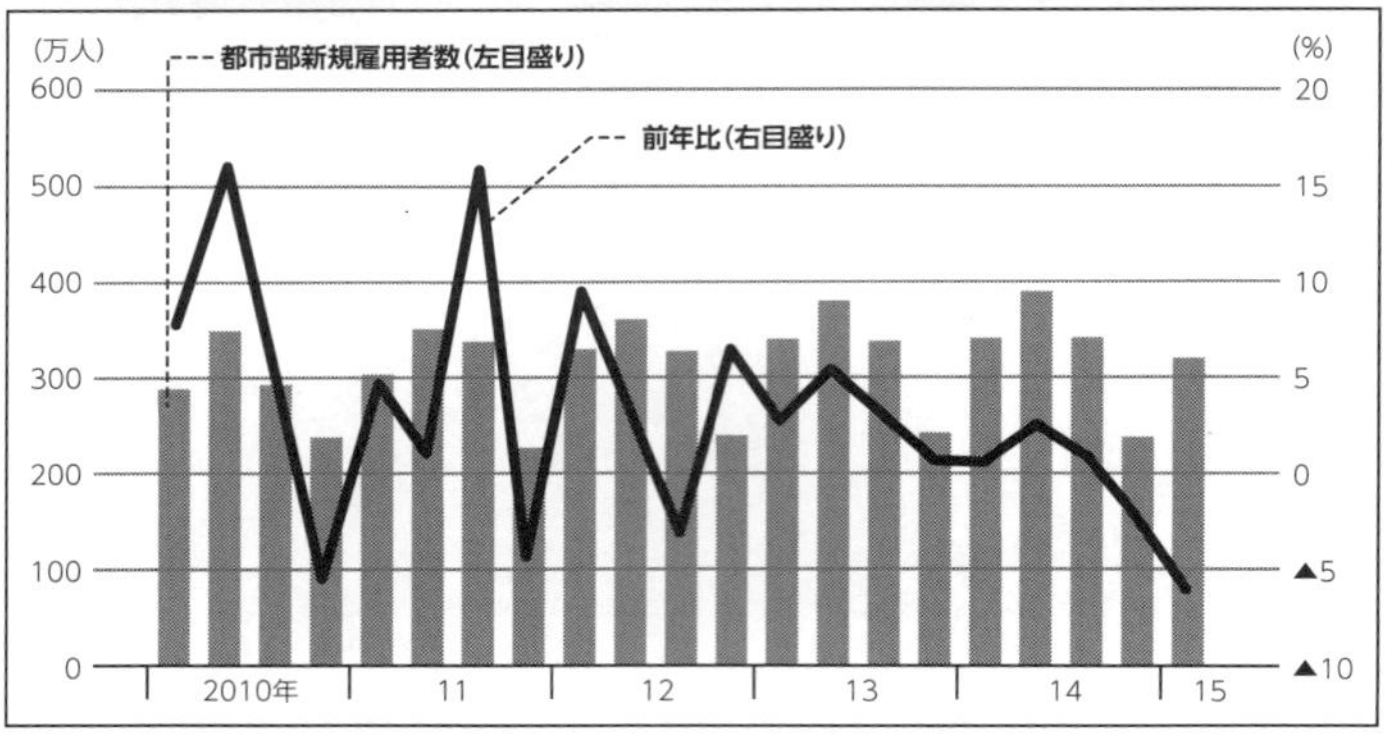

（注）四半期ベース　　　　出典：中国人力資源・社会保障部

夏、知人白氏と一緒に来日した某市長は８％位と言っていた。

次に「展望――危険なのは強い中国より弱い中国」と題されたジョシュア・キーティグ氏の論文を見る。

「揺らいだ習政権がより危険な大国として振る舞う可能性がある。２０１５年８月24日月曜日、上海株式市場が２００７年以来の大幅下落を見せた。その影響でダウ平均株価や原油価格が急落し、南アフリカの通貨ランドは過去最高の安値を更新。投資家は中国経済の失速は深刻ではないかと怯えている。本当に中国がつまずけばアメリカの懐も寒くなる。今回の経済危機は南シナ海における領土拡張など、地政学的な緊張の高まりと思っている。過去数週間の経

急落した上海総合指数

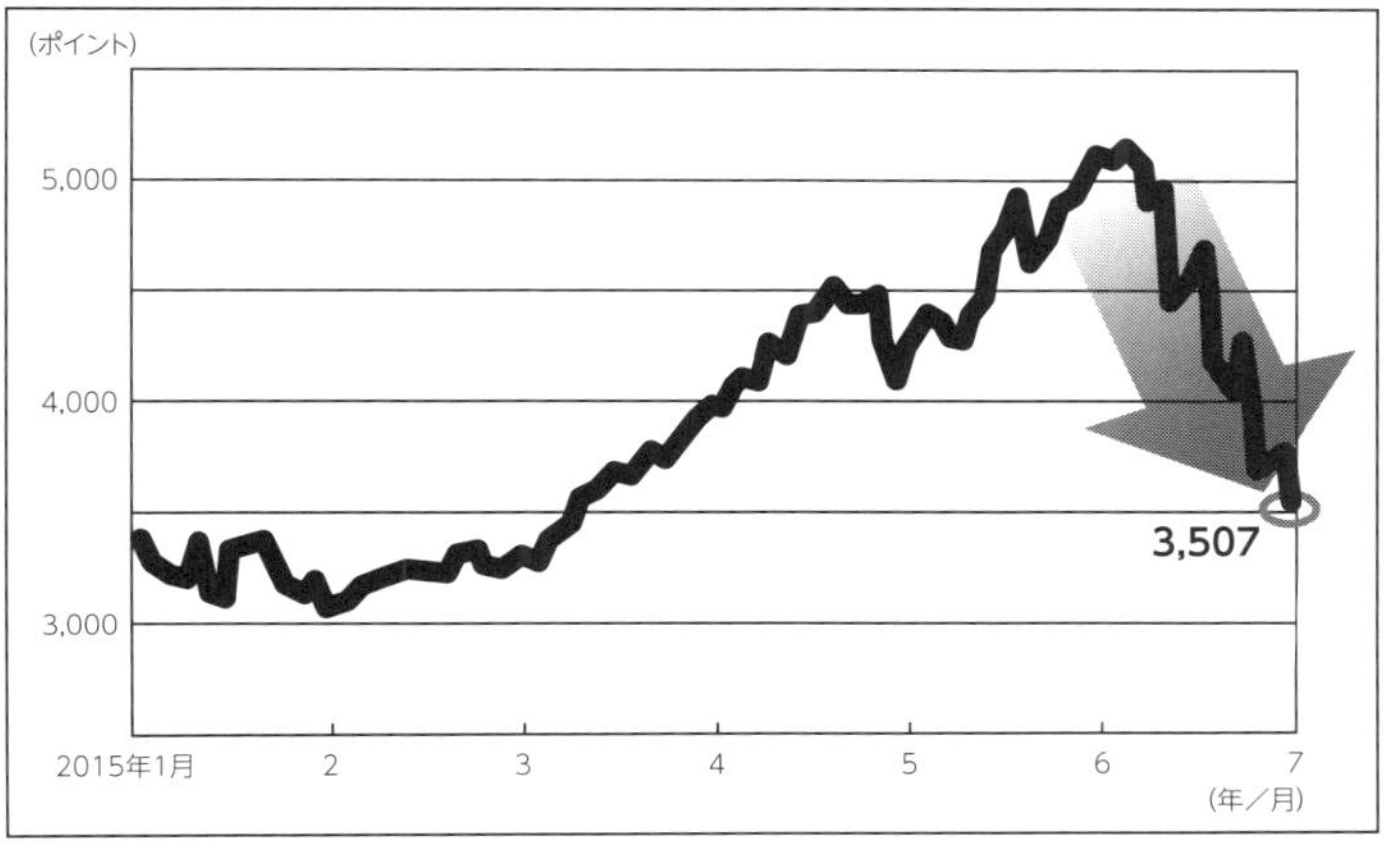

多くの銘柄が取引停止し、ゼロの表示が並んだ北京の証券会社の株価ボード（7月８日）出典：共同通信

済混乱は有能なトップというイメージを傷つけ、経済を前にすれば習近平国家主席は無力だと印象づけた。さらに大きな懸念材料は社会不安である。今までも労使紛争、環境汚染、土地没収などが原因で、年間何万件の暴動が起きている。

安定成長のおかげで、経済問題での大衆の怒りはあらわではなかったが、大損した人々がネットで怒りをぶちまけている。経済減速期に日本や東南アジアの国々と緊張が高まれば、習国家主席は国民の怒りの矛先を国外に向けさせ、外国との緊張をあおるかも知れない。

中国が大国として台頭することを多くのアメリカ人が警戒している。だが世界にとって最も危険なのは、不安定で将来がよく見えない中国である」

ここまで現代中国研究の毛里教授、駐中国大使であった宮崎・丹羽両氏、文明評論家のエマニュエル・トッド氏、ニューズウィークに掲載されたアメリカの学者、ジャーナリストの6人の方々の現代中国評を見てきたが、私なりにまとめると次のようになる。

中国を解放した毛沢東の大躍進運動、文化大革命の混乱を収拾して、1978年の中共第11期3中全会で鄧小平の改革・解放に大転換。江沢民、朱鎔基による高度成長期に入って「世界の工場」と呼ばれるようになった。胡錦濤、温家宝時代には「保八（成長率8％維持）」が合言葉であったが、2013年に習近平、李克強政権となった時には経済は減速期に入っていた。そのため「中国の夢」を謳《うた》い「小康社会」を語り、経済はソフトランディングする時期に入る。経済改革のためには透明性が必要であるが、それを糊塗《こと》した中で起きたのが「上海株価」の暴落であり「天津の大爆発」であろう。こうした事実から目を逸《そ》らそうとしたのが抗日戦争勝利記念で演出を凝らした軍事パレードであろうか。

汚職腐敗の摘発はそれ自体は正しいが、もともと中国社会には汚職の土壌があり、それは共産党独裁体制下で生まれたものである。また途上国のインフラ整備をめざすＡＩＩＢ、新シルクロード構想も中国国内の生産力の受け皿探しと見る向きもある。もとよりそのように考えているが、ドイツ・フランスが参加したからといって驚くことはない。中国はこれらの国が利で動くことをよく心得ている。

いくつかの話を中国で聞いた。中国の専門家の中には、これらの構想はリスクを伴っていると指摘する人もいる。いずれにしても現政権は内需型への構造改革が重要な鍵であろう。それには経済の透明性が前提となる。

Column
03

◆現代・中国を見る

天津大爆発から見える中国の未来

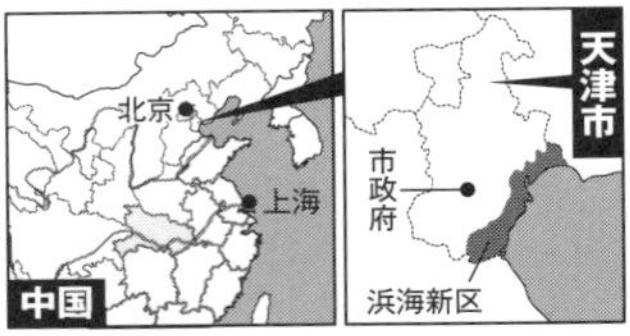

天津市の「浜海新区」の街中で2015年9月12日に起きた事故は、死者114人以上、負傷者780人以上被災者30000人余、損壊した家屋17000戸以上といわれる甚大な事件である。

天津には、1994年〜1995年天津市造船所、1999年天津造船所、日本の大手商社との打ち合わせ、また天津大学の若手研究者の日本留学の手伝いのため、合わせて7回ほど訪れている。1997年には港町である塘沽のホテルに泊まり、90年代のこの地区の開発の状況を目の当りにしていたので、大爆発のニュースには、驚くとともに「やっぱりそうか」との感があった。街中にシアン化ナトリウム、硝酸アンモニウム他3000tにも及ぶ化学危険物質を保管し、また消防士もそれを知らされず放水して大爆発を誘引し、多くの犠牲者を出す—。通常では考えられないことである。これは知識や管理能力が低い幹部の下で業者との癒着があり、発生したものであろう。参考までに言えば、N造船所で私が主導して作った危険物取扱作業基準には「法令による危険物格納種別、指定数量と品名を明記し、消防法等の法令に基づく格納庫の構造」としている。管理責任者を決め、取扱管理、火災防止および汚染防止のマニュアルを定めている。これが通常の管理形態であるが、これらを無視した上、事故発生の原因を究明することもなく、早期に「エコ公園」を建設するとして不都合なことを隠蔽《いんぺい》しようとする政府は、いかに腐敗キャンペーンを行おうと「中国の夢」は色あせて見える。中国社会は深い闇に包まれている。

80年代後半に中国の土を踏み、大連の合弁企業では現場技術者や作業者とともに汗を流した。青島における貨物船の建造では若い設計技師、造船主幹、職長達とよく話し合い、仕事を進めた。そのため日本でも、よくできた貨物船であると評価された。中国では若い優秀な技術者や官僚テクノラートとも知り合えた。中国には「明眼人（見識のある人）」もいることを知っている。中国の未来には権力者とは違う夢があるのだ。

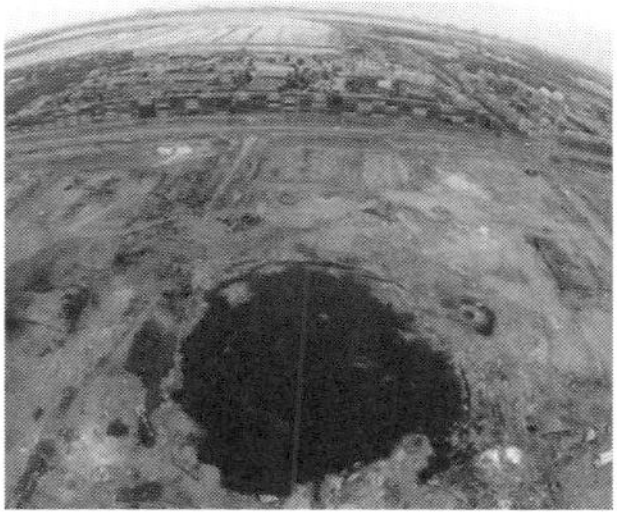

中国の闇（天津大爆発は中国が抱える様々な矛盾の表れでもある）

保管されていた主な物質

物質	保管量	一般的な用途	性質
シアン化ナトリウム	約700t	電気メッキ、精錬、金属の焼き入れなど	猛毒。水と反応すると引火しやすい青酸ガス発生
硝酸アンモニウム	約800t	肥料、火薬原料、冷却剤など	衝撃などで爆発する恐れ
硝酸カリウム	約500t	肥料、火薬原料、食品添加物など	衝撃などで爆発する恐れ
金属ナトリウム	不明	染料、医薬品、電池など	水に触れると激しく反応、発火の恐れ

出典：共同通信　※物質と保管量は中国メディアによる

第四章

改革・開放後の政治と社会生活

中国革命が政治と民にもたらしたもの

前章で記した習近平政権に対する様々な見解を通して、多少なりとも中国の現況が見えてきたと思う。ここでは新中国樹立後の政治と民衆の生活を併せて振り返ってみることにより、中国革命とは何であったのか考えてみたい。それは「民意」を具現することのできなかった中国共産党の誤りと変容の過程を辿るとともに、それに対応して生きてきた民衆の動向を大雑把ながら捉えることにほかならない。

本年7月に私を訪れてくれた知人白氏が、日中関係や習近平主席の執政への見方を息子を通して送ってきた。息子は現在、日本のメーカーの海外営業部長なのだが、電話で話した際「私は父と違い、中国は本来農業国であり軍事大国になる必要はないと考えている」とのことであった。彼の電話により、1988年~1993年までニューヨーク・タイムズ北京支局長であったニコラス・クリストフ著『中国覚醒了』（日本版「新中国人」）を思い出した。私もほぼ同時期の1987年~1990年に大連で仕事をしていたことから、中国に対する認識はクリストフ氏と割合近いと考えている。そこで『中国覚醒了』の一文を引用したい。

「中国は基本的に農民の国である。彼等の願いは電気製品を手に入れる、男児を得るため超音波で胎児の性別を見分け、女児なら中絶する。そして冬期には週に二度、犬肉の炒めものを食べる」

大連では犬肉は少なく、水牛の肉が多かったようだ。

一方、政治面では「中国はその経済ブームを維持する可能性が高い。しかし、そのことが中国の近隣諸国にとってどのような意味を持つかと考えると、少し悲観的になる。アジアのもう一つの大国が１９３０年代にやったのと同じく、中国はナショナリズムをかきたて資金を軍備増強に投じつつある。１９３０年代の結末はアジアにとって悲惨なものになったが、日本人は今、それと同様の悲劇的結果がもたらされる危険性をはっきり認識していないように思われる。日本の多くの人に中国についてもっと知ってほしいと思う」

これが１９９６年頃の一文である。

80年代中頃より「中華思想」が語られ、80年代後半に国際法上の国境・領海の範囲外の戦略的領域を設けたことを知った頃より私は、中共の拡張主義に懸念をいだき始めていた。しかし、このような明確な認識は持っていなかったので、今考えてもクリストフ支局長の炯眼には敬服する。

◆現代・中国を見る

尖閣《せんかく》諸島問題

尖閣諸島は日中間で領有権が問題になっている小島群であり、沖縄八重山諸島の北１６０㎞、台湾の北東１８０㎞のところにある。尖閣諸島は「無主の地」であることを日本が確認し、現地調査の上、１８９５年に領有を宣言し、沖縄県所属の島としたものである。民間人が土地所有の登記を行い、一時期はかつお節生産が行われ、以来日本が実効支配している。

そもそも領有権問題が発生したのは１９６８年の国連アジア極東経済委員会（ＥＣＡＦＥ）で、東シナ海の大陸棚に豊富な石油資源が埋蔵されていることが報告されたこ

東シナ海での中国の海洋進出

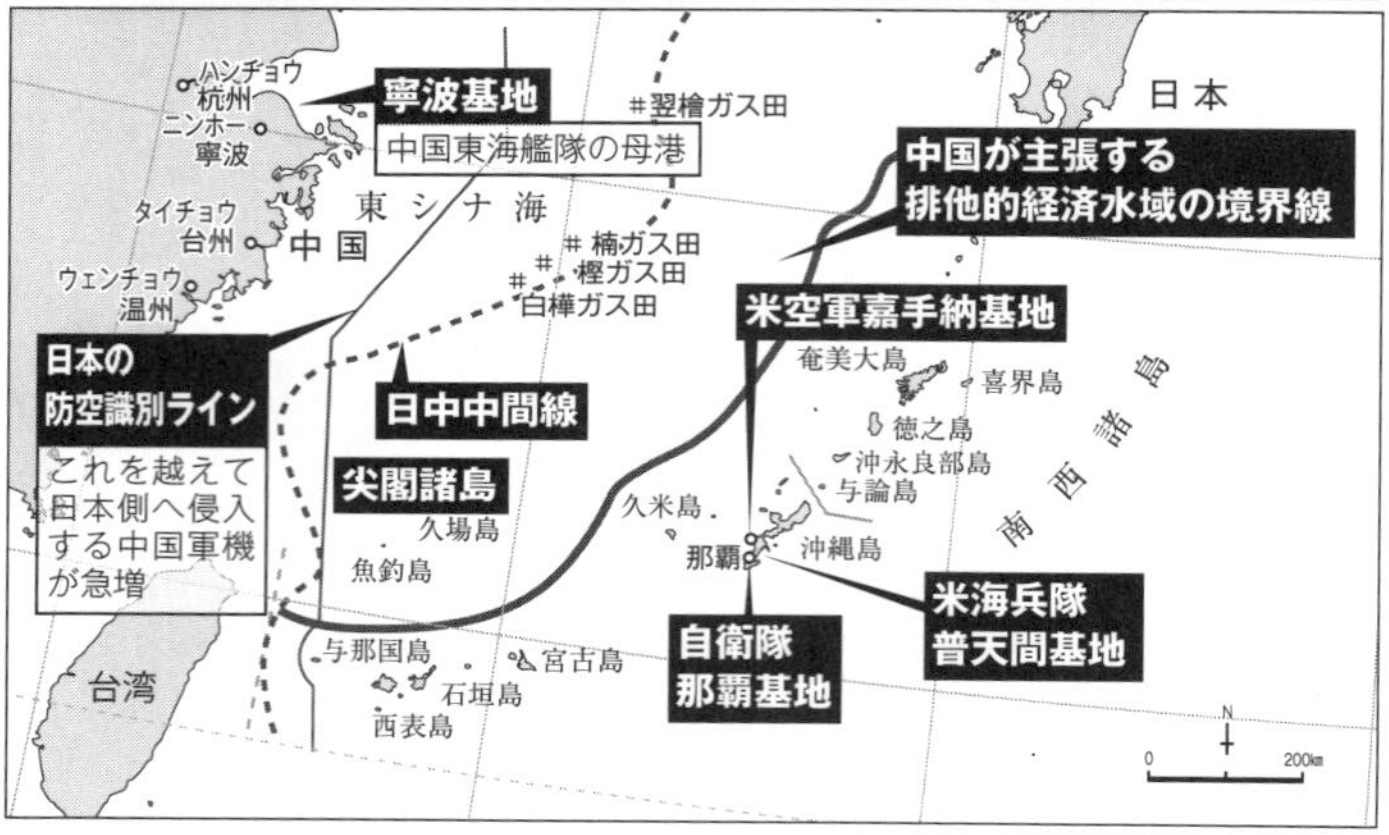

とから。これを受けた中国・台湾がにわかに領有権を主張し始めたためである。

歴史的に見ると尖閣諸島は１９４５年、日本のポツダム宣言受諾後は米国の施政下に入り、１９７２年５月の沖縄返還時に施政権が日本へ戻る。米国務省は「施政権を日本側に返還するが、施政権と主権は別個のものと考えている。主権問題を巡る食い違いが出たときは、当事国が協議し、解決すべきである」としている。

中国は１９９２年２月、領海法を制定し、尖閣諸島は中国の領土であると明記した。しかし文献上の根拠は琉球冊封使の記録（旅行記）、明朝が尖閣諸島を福建省の海防区域としたなど、実効支配を証明するものではない。

１９９６年に日本の右翼が自家製灯台を設置、２０１２年には中国・香港の活動家が不法上陸するなど、領有権問題が再燃している。さらに中国や台湾では尖閣諸島を巡る反日デモが激化。中国、台湾、日本の冷静な対応が望まれる。

なお日本が尖閣諸島の領有を宣言したのは日清戦争（１８９４年８月～１８９５年４月）の末期。清の敗北を利用し「手にしたもの」との見方があることは、留意しておくべきであろう。

中国が接近阻止戦略で設定した
二つの列島線

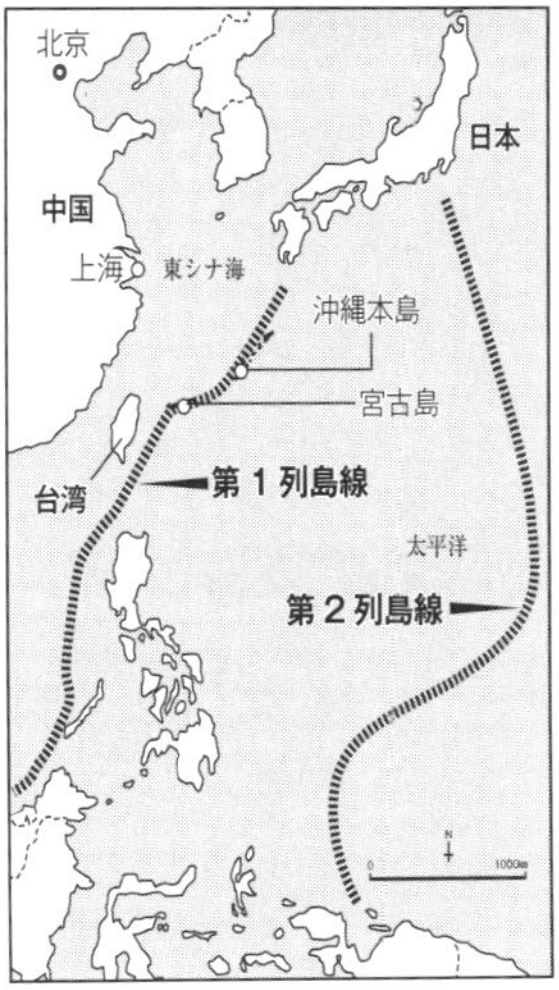

文化大革命終結後、1979年〜1981年にニューヨーク・タイムズ北京支局長を務めたフォックス・バターフィールド氏はその昔、『中国人』（1982年）において、毛沢東時代でも「嫁を買う・子どもを売る」という農村の風俗習慣が残っていたと書いている。中国社会における出産女児の間引き、嫁・子どもの人身売買は私が中国に赴任した頃もよく耳にしたことであり、最近も子どもの拉致がよく日本のテレビで報道されている。GDP世界第2位を誇るも、いまだ中国の越え難い闇である。知人白氏の息子の言う中国は「農業国」、クリストフ氏の「農民の国」とはどのようなものかをデータで確認し、日・中・米を比べてみよう。

農林水産業経済活動人口と農地面積（2012年）

	農林水産業活動人口（千人）	対経済活動総人口比(%)	農地面積（千ha） 耕地・樹園地	牧場・牧草地	国土面積に占める農地の割合(%)	農林水産業従事者1人あたり農地面積(ha)
日本	1,246	2.0	3,936	613	12.0	3.7
中国	496,132	59.9	121,720	392,833	53.8	1.0
アメリカ合衆国	2,410	1.5	157,708	250,999	41.6	169.6

出典：世界国勢図会 2015/2016 矢野恒太記念会

各国の農作物の生産（2013年）

単位：千t

	穀物生産量	小麦	米	とうもろこし	大豆	いも類
日本	11,787	812	10,758	0.2	200	3,950
中国	552,876	121,926	203,612	218,489	11,951	172,903
アメリカ合衆国	436,554	57,967	8,613	353,699	89,483	20,970

出典：世界国勢図会 2015/2016 矢野恒太記念会

中国の農林水産人口は世界第1位であり、経済活動人口の59・9％である。また、世界における穀物生産占有率は中国20％、米国16％、インド11％で、これも1位である。2013年のGDPは568845億元、そのうち第一次産業は56957億元で構成比は10・0％である。即ち農業国の最たるものである。中国を見るとき、GDP世界第2位の経済大国である一方、農業生産性は極めて低い農業国であることを知っておく必要がある。

したがって中国を見るときは地勢的にも歴史的にも、社会・文化的にも多面的に見る複眼的思考が求められる。こうした見方はある意味では、我々日本人の不得意とするところであろう。優れたジャーナリストや中国研究家の見方に同意できることが多々あっても、作業者と共に汗を流し庶民の中で生活した私には、彼らが背負っている重荷がよく分かる。そのため、単に批判することには戸惑いを覚えることが多い。

私と同世代の、1980年代に中国で仕事した商社・銀行マンや先発の企業人は様々なことに思いを馳せ、たまに会えばホテルのバーで語りあったものである。その際、我々は「対中国有感情（中国には感情がある）」と、また当時の大連の人々も「有感情」という言葉をよく使っていた。このようなことを思い起こしながら第四章を始めよう。

1980年代の大連・鄧小平の時代

大連に赴任したのは1987年6月。当時は日本から大連への直行便はなく、関西国際空港より上海虹橋《ホンチャオ》空港でトランジットして北京で1泊し、大連に入った。虹橋空港着陸前の光景は今でもよく覚えている。上海西郊外にある朱家角《ジュージャージァオ》の水郷地帯に広がる水田は我々が共有する稲作文化であり、同郷に来たような気がした。

翌日早朝、中国建築総公司の王君（後の東京支社長）が北京空港に送ってくれた。その車中で一部の幹部の間では改革開放は不十分との話があると教えてくれ、中国内の一端を知り得た。

着任した1987年頃の大連の人口は420万人、市街区200万人といわれていた。1984年には経済特別区同様の優遇条件が進出企業に与えられる14の沿海開発都市のひとつに指定されていた。もともと東北地方最大の大連港があり、重工業と軽工業の両基盤を持つ都市であったため発展の条件は整っていた。海外企業誘致を行ったが、日本は特別な誘致先となった。日露戦争後の1905年から終戦の1945年の40年間にわたり、日本は大連を統治した。日本の統治の善し悪しは別として、日本人はアカシアの街・大連にノスタルジーを感じていた。また戦前の大連人口の2割は日本人であったこともあり、中国人にとっても日本人は身近な存在であったろう。こうして大連は日本企業の主要な進出先となった。

ただ、実際面での仕事や生活は思いがけぬことや驚くことより始まった。１９８７年の12月には寧波北侖港発電所向けの鉄骨の製造を開始し、それを機に12月半ばに工場の開工式を行う予定であった。鋼材輸入のＬ／Ｃ（信用状）を北京で発行することになっていたが、当時中国では電信送金が行われていなかった。そのため、中国銀行大連分行の担当者が８月、小切手を持って北京に向かったが、物見遊山をしていたのか行方が分からず第２陣を派遣し、やっと11月下旬に鋼材を手にした。このような事態より大連での仕事が始まった。

さて出勤時。工場のトラックの荷台に乗って出勤する人たちが多く、車道に止められたトラックで路上の混雑ぶりは大変なものであった。そのようなこともあり、路上で男女が大声をあげて喧嘩しているのは日常茶飯事であった。これも大連の生活の始まりの一コマであったろう。

とにもかくにも、一軒家を借り、大連事務所を開き、そこで中国人幹部や若い技術者と生活を共にすることになった。合併企業の新しいスタートである。

思いもしなかったＬ／Ｃ問題の発生により、中国銀行や船会社、また鋼材手配の要《かなめ》となる中国商社の東京五金との人間関係や信頼関係を築けたことは大きな強みとなった。

また工場稼働の要となったのが安全である。そのきっかけとなったのが、日本より持ち込んだクレーンの走行・巻き上げ速度が速かったことから、その速度を作業者の習熟度にあわせてノッチを下げ、調整したことであった。これにより安全で落ち着いた作業ができ、かえって生産性が上がった。これで工場も好スタートができた。

１９８８年頃に周囲にいた職工（事務職員と労働者）たちの経済状況を通して、大連の一般の人たちの生活を見てみたい。

ここに挙げた数字は、当人や彼らの父親、また知り合いの労働局や農民指導者より問い聞きしたものである。87～88ページに記載した賃金や収入の時系列表より高めになっているのは、大連の経済が順調な成長期にあったからであろう。また１９８５年に人民公社は解体されており、多くの農産物が市場《いちば》に出回り、農村も潤っていた。当時の休日は、市場や街中が人々であふれ、活況を呈していた。

伝聞による国営企業の月給は１５０元～２００元であり、農民１人当たりの月収は50元であった。

私のいた合併企業は郊外地にあったため、交通事情を考慮して、住宅費も加算し、職員は４５０元、作業者は３００元が平均であった。住宅は３Ｌ（Ｄ）※Ｋ（33㎡位）が30元、

2L（22㎡位）が20元であった。

※Dを（D）としたのは、小さな食卓がおけるスペース程度のため

平均年収

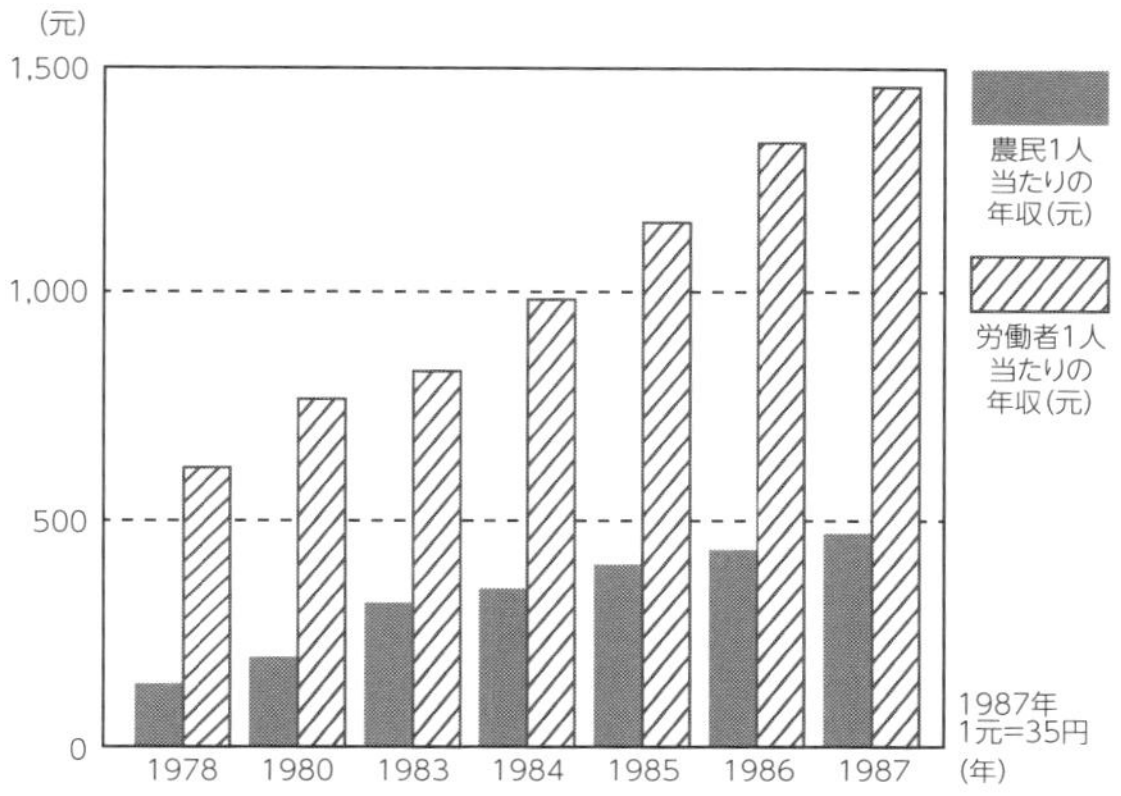

出典：中国研究所編『中国年鑑 1989 年版』別冊より

平均賃金

単位：年収、元

	都市平均	実質伸び率(前年比,%)	国有単位	株式有限公司	外資単位	製造業	電力・エネルギー	建築業	情報・通信	金融業
1978			644			597	850	714		610
1980			803			752	1,035	855		720
1985			1,213			1,112	1,239	1,362		1,154
1990			2,284			2,073	2,656	2,384		2,094
1995	5,348	1.8	5,553		8,812	5,169	7,843	5,785		7,376
2000	9,333	11.3	9,441	11,106	15,692	8,750	12,830	8,735	12,319	13,478
2005	18,200	12.5	18,978	20,272	23,625	15,934	24,760	14,112	38,799	29,229
2006	20,866	12.9	21,706	24,383	26,552	18,225	28,424	16,164	43,435	35,495
2007	24,721	13.4	26,100	28,587	29,594	21,144	33,470	18,482	47,700	44,011
2008	28,898	10.7	30,287	34,026	34,250	24,404	38,515	21,223	54,906	53,897
2009	32,244	12.6	34,130	38,417	37,101	26,810	41,869	24,161	58,154	60,398
2010	36,539	9.8	38,359	44,118	41,739	30,916	47,309	27,529	64,436	70,146
2011	41,799	8.6	43,483	49,978	48,869	36,665	52,723	32,103	70,918	81,109
2012	46,769	9.0	48,357	56,254	55,888	41,650	58,202	36,483	80,510	89,743
2013	51,483	7.3	52,657	61,145	63,171	46,431	67,085	42,072	90,915	99,653

出典：『中国統計年鑑』2014 年度版より

国民生活の指標ー時系列変化

改革開放 鄧小平 ｜1989｜ 江沢民 ｜2002｜ 胡錦濤 ｜2013｜ 習近平

		1978年	1990年	2000年	2010年	2013年
実質 GDP 成長率		11.7	3.8	8.4	10.4	7.7
1 人当たりの GDP（元）		381	1,644	7,858	30,015	41,908
産業別人口（%）	第一次	70.5	60.1	50.0	36.7	31.4
	第二次	17.3	21.4	22.5	28.7	30.1
	第三次	12.2	18.5	27.5	34.6	38.5
年齢別人口（%）	0 ～ 14		27.7	22.9	16.6	
	15 ～ 64		66.7	70.2	74.5	
	65 以上		5.6	7.1	8.9	
都市住民当たりの可処分所得（元）		343	1,510	6,280	19,109	26,955
農村住民当たりの平均純収入（元）		134	686	2,253	5,919	8,896
現金消費支出（元）	都市		1,279	4,998	13,471	18,023
	農村		585	1,670	4,382	6,625
エンゲル係数（%）	都市	57.5	54.2	39.4	35.7	35.0
	農村	67.7	58.8	49.1	41.1	37.7
住宅面積（㎡）	都市	3.6 ※	13.7	20.3	31.6	32.9 (2012)
	農村	8.1 ※	17.8	24.8	34.1	37.1
都市100世帯当たりの自家用車数（台）				0.5	13.1	21.5 (2012)
農村100世帯当たりのオートバイ数（台）			0.9	21.9	59.0	62.2
100世帯当たりのカラーテレビ数（台）	都市		59.0	116.6	137.4	136.1 (2012)
	農村		4.7	48.7	111.8	116.9
100世帯当たりのパソコン数（台）	都市			9.7	71.2	87.0 (2012)
	農村			0.5	10.4	21.4

出典：※ 1978 年の都市・農村の住宅面積は 1996 年版の『中国統計年鑑』による。その他は 2015 年版『中国年鑑』による

１９８８年頃から、おしゃれ
なものに変わってきた背景には
連で化織のブラウスを輸出向け
時代の流れは女性を美しくす
ちに開店され、賑わっていた。
下ではストリップが行われてい
こうした場所を公安も黙認して
民の世相である。本来中国は「
ホテル南山賓館にあるバー「
ちが中国談義に花を咲かせ、詰
も大きく変わるであろう」となる。

すくめからカラフル
事実、大阪の人が大
スホール）があちこ
五一《ウーイー》広場近くの地
場と言われていた。
たらしたもので、庶
商用で来ている人た
あり、いずれ中国

一方私の方は、従業員、知人、仕事先の父親の所に、手に入った日本酒を持って行き、中国の昔のことなどをあれこれと聞き、四方山《よもやま》話に花を咲かせた。当時、好きだったのは、おしなべて穏やかに話す親父《おやじ》の言葉を息子や娘が黙って聞いている姿である。これは父系を中心とする※宗族社会の家族の姿であろう。現在、誰にも分かる決まりは、嫁いだ娘も父親方の姓を名乗ることであろう。宗族とは父方の一族を指す言葉なのである。具体

正誤表

「現代中国試論 中国の陰と陽」に次のとおり誤りがありましたので、お詫びして訂正致します。

〈誤〉		〈正〉
P99 6行『舞衣広場』	➡	P99 6行『無衣広場』
P151 3行『小川出版』	➡	P151 3行『山川出版』

的人間関係を尊重する中国人特有のものといえるであろう。

※宗族…宗とはおおもとを意味する言葉。共通の祖先を持つ父系の血縁で結ばれる父系を中心にして組織されている祖先祭祀《さいし》の集団であり、構成員の安全を守る。また同族の女子やいとこ同士の結婚を禁止（族外婚制）。中央集権的国家（皇帝制）は行政的には粗放であり、治安も悪い。自らを守るには親族集団（氏族）と地域集団（郷村）であり、この両者を兼ねたのが宗族集団であるとする見方もある

大連の魅力は、港街らしく坂道が多く、アカシアの街路樹のある街並みにはロシア風、日本風、中国風の建物が混在し、他所では見られない風景を作り出していることである。中でも私の好きな光景は、歩道橋より見下ろす中山広場に、大連賓館（旧大和ホテル）や中国銀行（旧横浜正金銀行）といった重厚な建物が威圧感もなく堂々と鎮座している様である。「昔日の思い」というものであろうか。

鄧小平時代の改革解放（１９７７年～１９９７年）

鄧小平時代は、１９７７年の中共11全大会における鄧小平の復活より１９９７年の死去の間と考えている。その前、毛沢東が１９６６年に「造反有理」の言葉で紅衛兵を支持し、８月の中共中央第８期11中全会で提唱された「四旧の打破」（旧思想、旧文化、旧

風俗、旧習慣の打破）を指針として、文化大革命を始める。熱狂からの混乱・空疎なものに変質した文化大革命は、1976年9月の毛沢東死去、翌年10月に「四人組」の逮捕により収束する。この文革は中国社会を混乱に陥れ、経済的には5000億元（8000億元の説もある）の損失、政治的社会的被害者は1億人以上といわれている。大連在任中、工場や巷でも文化大革命は中国の発展を30年遅らせたと話されていた。このことは毛沢東時代として後ほど詳しく説明する。

1978年12月、中共第11期3中全会で改革・開放へと大きく舵を切った。従来の党と国家の重点工作を政治優先、継続革命重視の路線から、経済建設に移行し、四つの近代化建設（工業、農業、国防、科学技術の4分野）に全力をかける総路線としたのである。

改革開放政策

(1)農村改革　(2)計画経済からの脱却　(3)対外開放の三つよりなる。

(1)農村改革

農村では請負制という形で農地を農民に返し、1985年春までに人民公社は解体され、郷鎮政府が復活した。農家は自ら作物を選んで耕作し、供出した残りは自由に販売するようになり、生産は急速に増大した。1978年に3億屯《トン》であった食糧生産は、1984年には4億屯を上回った。

また農民は手にした資金を元手に非農業分野に進出、郷鎮企業の開始となる。当初は10人程度の小規模の製造業であったが、全国有数のメーカーに成長したものもある。日本のクレーンメーカーに紹介した知人W氏は、大連旅順の近くの郷鎮企業を中堅の機械メーカーに成長させ、海外とも取り引きしている。1990年代に山東省を訪れたとき、郷鎮企業より急成長した数々の企業を見た。農家経営請負制を梃子《てこ》として豊かさを求めた農民のエネルギーが、農村を大きく変貌させた。

ただ改革は、新しい変化と課題を生む。人民公社の解体による生産請負制の導入は、農民の階層分化を促す要因となった。それらのことは生産力を著しく向上させたが、それに伴い大量の余剰労働力を生んだ。余剰労働力の働き口は階層分化のきっかけとなる。一つは農業自体へ、二つ目は郷鎮企業、三つ目は都市への出稼ぎである。即ち農民工の出現である。彼らは、1980年代は離農するも離村しない、1990年代は家族を田舎に残して都市部に単身で出稼ぎする者が主流であった。しかし2000年以降は出稼ぎに加え、挙家離村による移動が次第に増えた。それによる新たな戸口《フーコウ》（戸籍）の問題を生む。農民工の出現は、１９５８年に施行された「戸口登記条例（農村と都市の戸籍を分け人口の移動を禁じている）」を弱体化させるものとなる。私が大連にいた頃は、小城鎮（農村の小都市）が生まれ、そこへの移住は認められていた。

私のいた工場にも、５～６人の農民工が住み込み、工場の便所の掃除、草刈り、廃棄物の焼却を行っていた。工場の職員たちは彼らを避けており、私が彼らと話をするのを北京より来ていた幹部たちは嫌っていた。中国は身分社会なのである。

(2) 計画経済からの脱却

農村改革の成功により、政府は１９８４年から改革の重点を都市に移した。１９８２年9月の中共第12大会では「計画経済を主とし、

急増する農民工

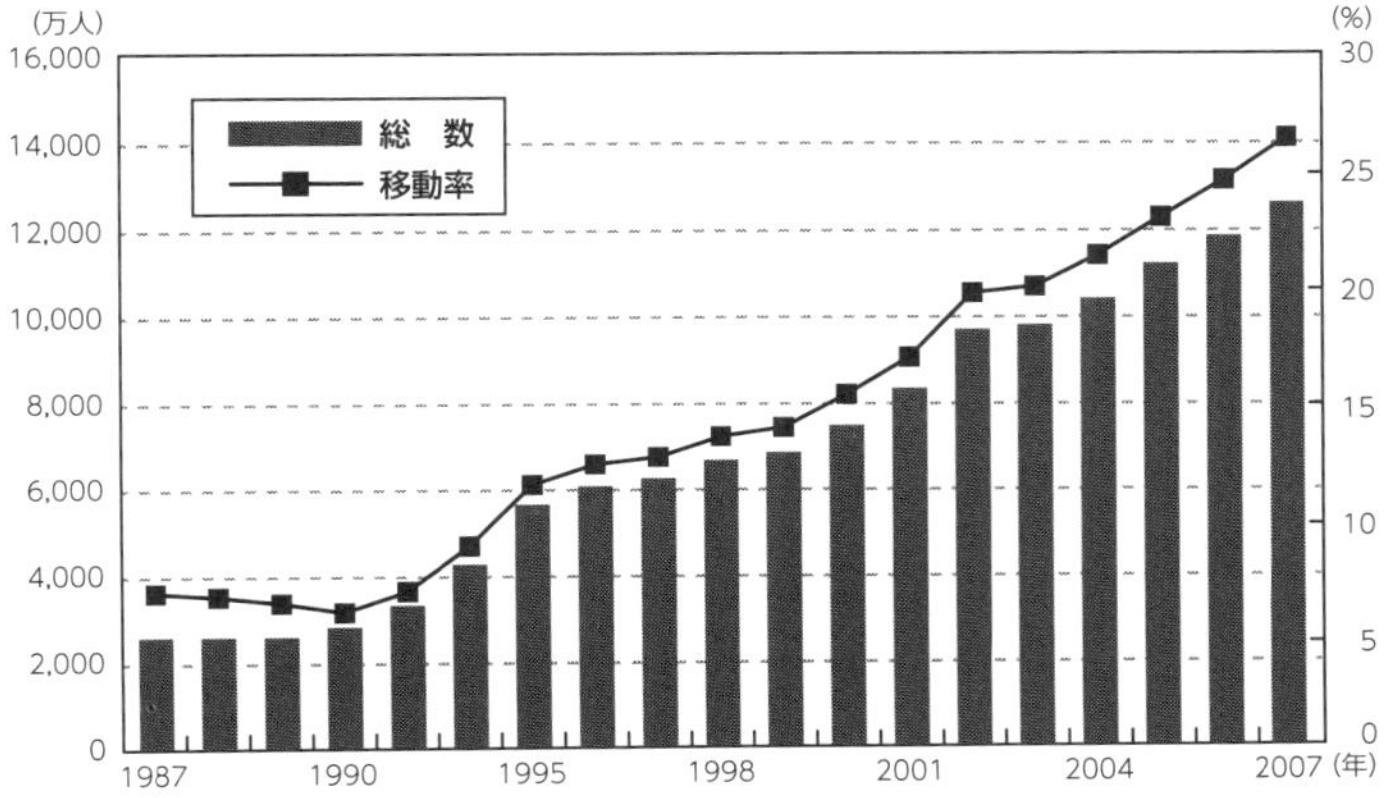

出典：『新・図説 中国近現代史』法律文化社

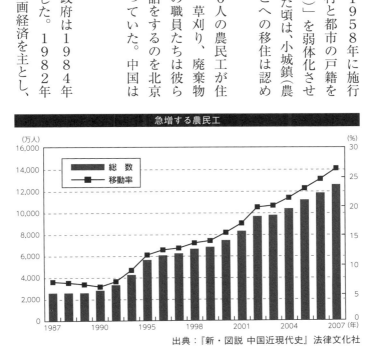

市場調節を従とする」原則が主張されたが、1984年10月の12期3中全会は「計画的商品経済論」、即ち商品経済（市場経済）の方を主とするとした。市場経済が半ば公式に承認されたのである。これが、※社会主義市場経済の走りとなる。

他方、国有企業改革では企業自主権が拡大された。計画統制の緩和に並行し、金融、財政制度の見直しも進み、1990年代半ばまでに各種商業銀行の新規設立、外国銀行の支店開設が承認された。これにより1990年から1991年にかけて、上海、深圳に相次いで証券取引所が設立された。しかし急激な改革・開放は経済の歪みやインフレを招き、90年代後半に中国は困難に直面。党、政府内では改革派と保守派が対立することになる。

※社会主義市場経済…社会主義の公有制を主体としながら、政府のマクロ・コントロール下で市場が資源配分に対して基本的機能を担うメカニズムのことである。平たく言えば、一党独裁体制下で土地は国有として企業の所有と経営を分離し、また債券、株などの有価証券をも市場経済化する。企業活動を自由化し、官民が協調して経済成長を図る。1992年1~2月の鄧小平による「南巡講和《なんじゅんこうわ》」から、改革、開放の流れが加速され、1992年の中共第14大会を経て、1993年11月に憲法に明記される

(3) 対外開放

経済システムの改革と並行して、中国は大胆な対外開放政策をとる。まずは外国政府や国際機関に借款を要請するとともに、対外開放の拠点として深圳、珠海、仙頭《スワトウ》、厦門《アモイ》

の4カ所に経済特区を設立。外資に対しては所得税の減免など優遇措置を認める。1984年には沿海14都市に経済特区並みの優遇条件を持つとされる「経済技術開発区」が設けられた。経済の国際化は貿易依存を増大させる。

対外借款、外国直接投資受け入れ額の推移

単位：億ドル

	対外借款	直接投資	その他投資
1979-85 年	157.29	47.21	13.4
1986-90 年	301.26	142.61	18.97
1991-95 年	455.82	1141.76	13.04
1996-98 年	356.9	1324.46	96.34

出典：『新・図説 中国近現代史』法律文化社

貿易依存度の変化

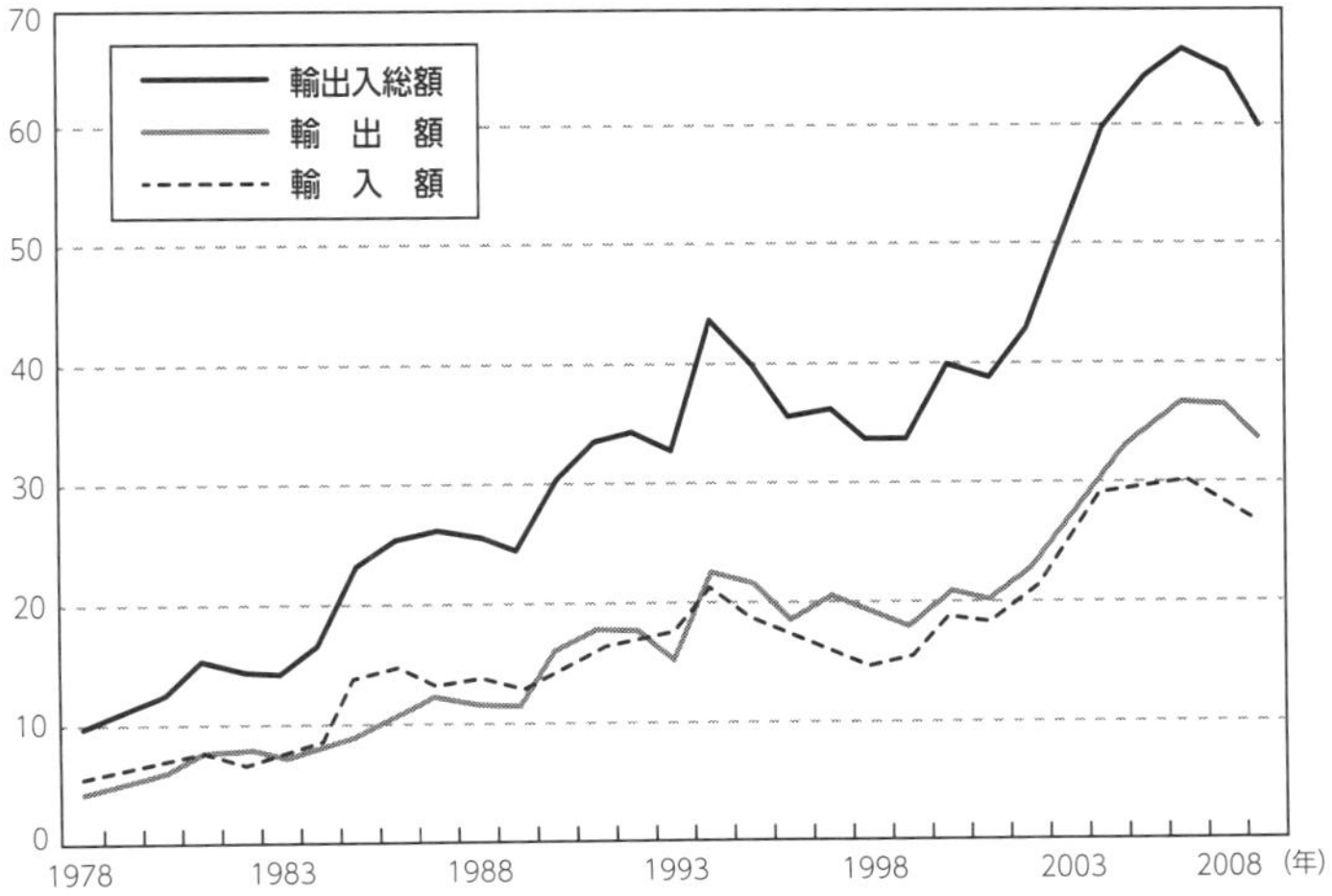

出典：『新・図説 中国近現代史』法律文化社
※貿易依存度　輸出総額を GDP で除したもの

対中ODAの開始

１９７９年12月に当時の日本の首相・大平正芳氏が訪中し、対中円借款の供与が提案され、翌80年に第１次借款５００億円が供与された。中国側の戦後賠償放棄に対する補償の意があるとしても、80年代に日本は中国によく協力している。

〈鄧小平語録〉

(1) 白猫でも黒猫でもネズミをとるのが良い猫だ

(2) 貧困は社会主義ではない

(3) 姓社姓資（社会主義か資本主義）。計画と市場は共に経済の手段であ

対中 ODA（円借款）の推移

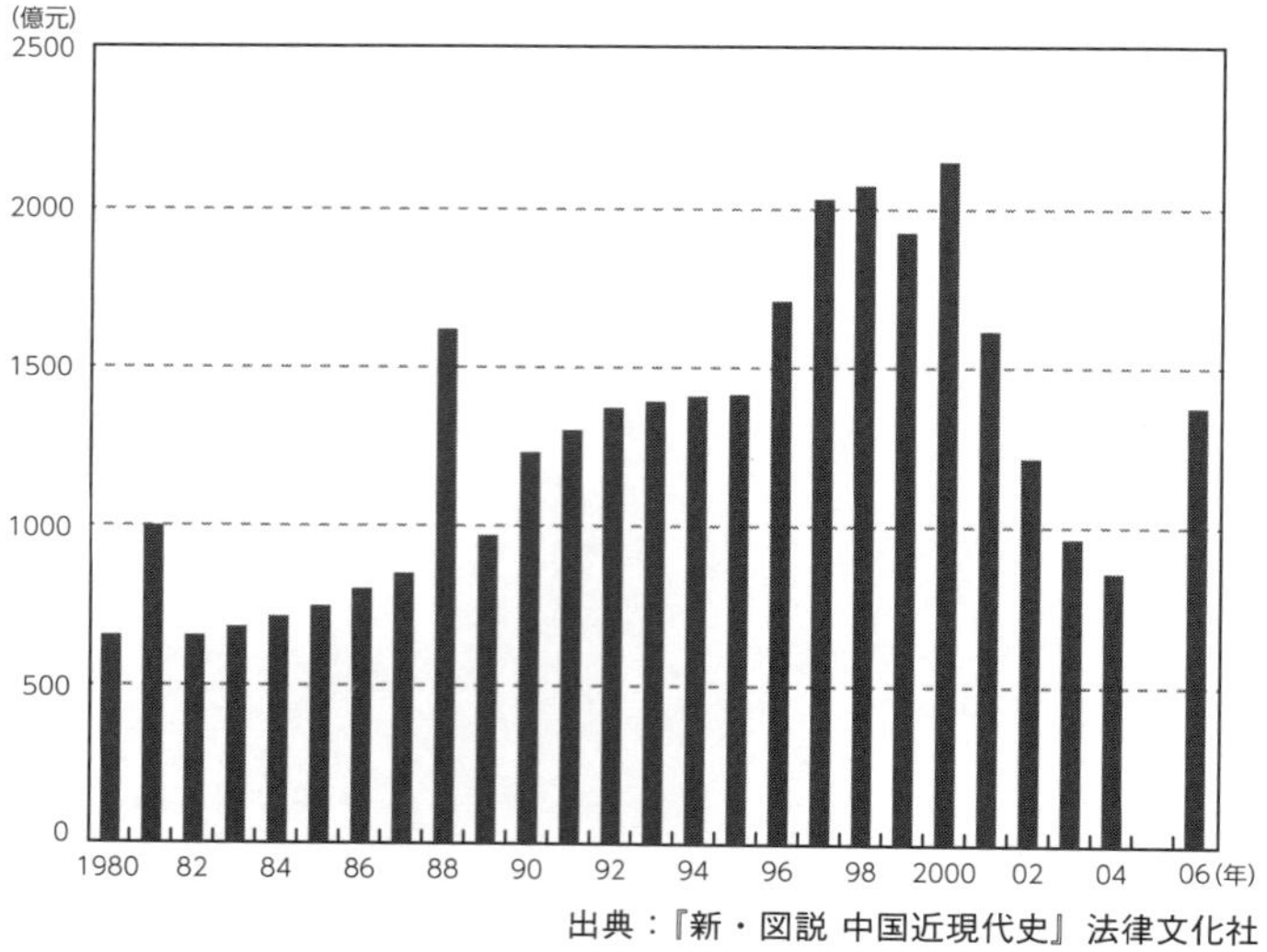

出典：『新・図説 中国近現代史』法律文化社

る。資本主義にも計画があるように、社会主義に市場があってもおかしくない。⑷他国の脅威になったり、搾取したり、従属させるようなことはしない。そういうことをすれば、ソ連にかぶせている三角帽子を我々自身の頭に乗せなくてはならない（ジョン・ロドリックとのインタビューより）。

ここにAP通信元北京支局長ジョン・ロドリックが延安で取材中、毛沢東たちの印象を語ったものを載せておく。当時の指導者たちの、その後の足跡を考える上で役立つものと思う。

「私が延安で、またその後であった共産党員の中で、毛は最も冷たく、計算高いという印象を受けた。朱徳には温かさ、周恩来にはウイットと知性、劉少奇には疑問の余地のない誠実さ、鄧小平にはいたずらっぽいユーモアがあった。私は彼らが注ぎ込む宣伝文句を必ずしも信じたわけではなかったが、彼らといるのは楽しかった。革命事業を進めるために彼らが嘘をついたり、真実を曲げねばならない事情を理解した。しかし私は、彼らが私に話すことを彼ら自身すべて信じているわけではなく、時と場所が変われば、そのことを認めるのではないかとの印象を、間違っているかも知れないが、持ったのだった。彼らとて間違いを犯す人間だ、と私は思った。しかし、毛についてはそうではなかった。

蔣介石とスターリンは、毛は無学な田舎者という見方を広めていた。だが、これほど事実から遠い話はない。ごく若い頃から彼は、中国農村の残酷なまでの無知からはい上がるための計画を立て、戦ったのである。生涯を通じ、その休むことを知らない精神はあらゆる学派の思想を渉猟した。彼は思想家であり、実践家だった。フランス語でいう〝熱意の人《ロム・アンガゼー》〟である。

彼は学問を熱愛し、嘲笑と屈辱に耐えて大学に入るべき年齢で小学校に入学した。六カ月間、故郷に近い長沙の図書館に入りびたり、毎日手にできる本を片っ端から読みあさった。長沙の師範学校［湖南第一師範］に入学するころまでに、彼の知識は、体系だったものではなかったが、普通の大学卒業生の水準を超えていた」（『中国史の目撃者　毛沢東から鄧小平まで』ジョン・ロドリック　ＴＢＳブリタニカ出版）。

第一次天安門事件（１９７６年４月）～第二次天安門事件（１９８９年６月）

１９７６年１月、周恩来が死去。４月には、墓参りが行われる清明節に周恩来を悼み、北京市民が連日、天安門広場に集まった。その数は１００万人にも上ったと言われている。そこで初めて毛沢東、江青批判が口にされたが、４月５日未明に警備部隊、民兵の出動により鎮圧、鄧小平は辞任となる。９月９日、毛沢東は死去。後継者の華国鋒は軍長老の葉剣英の支持を得て、江青をはじめとする「四人組」を逮捕する。各地で多くの国民が街に繰り出し、歓びに沸いた。荒れ狂った文化大革命の終わりが告げられた瞬間である。

１９７７年、鄧小平は再度、復活を遂げ、１９８７年末頃、全権力を掌握、最高の実力者となる。その年には、魏京生《ぎきょうせい》たちから政治的民主化を求める声が挙がり、鄧小平は「四つの近代化」実現のためには「四つの基本原則」を堅持しなければならないとした。①社会主義の道②プロレタリアの独裁（人民民主主義独裁）③共産党の指導④マルクス・レーニン主義、毛沢東思想の堅持である。即ち経済建設を中心にして、改革、開放と四つの基本原則を進める「一つの中心、二つの基本」である。

鄧小平は政治改革の必要性を否定したわけではない。共産主義のためというより、安定が維持できなければ改革開放はできないと考える政治的信念であろう。１９８２年、胡耀邦が総書記に就任し、工農業生産目標を１９８０年の４倍増として提唱。１９８６年秋、10数都市で大学生が公正な選挙、言論、結社の自由を求めてデモ行進を行ったが、胡耀邦は学生たちを説得し、沈静化に努めた。これにより胡耀邦は民主化を主張する知識人、学生に対し弱腰であるとして総書記辞任となり、趙紫陽が総書記代行となる。

１９７８年から１９８８年にかけて改革開放が進むにつれ、インフレが進行した。

1988年には物価は前年比18%を超え、一般家庭では家計を圧迫した。また改革開放の恩恵を受ける地区と受けることのできない地区が生まれた。地域格差の助長である。この頃より「向前看《シアンチエンカン》」を「向銭看《シアンチエンカン》」と書き換える拝金主義がはやり言葉となった。私の身の回りでも人気のあるタバコ「紅梅《ホンメイ》」が官僚に買い占められ（官到《クアンドウ》）、手に入らなくなった。個人商店を営む知人が銀行より金を借りるのに高級時計の「オメガ」を要求されるなど、大連でも様々な腐敗が横行していた。まだ大連は省都の瀋陽より情況は良かったようだが。

1989年4月、胡耀邦が心臓発作で急逝した。4月17日には北京大学の学生を先頭に学生と市民が天安門広場までデモを行い、胡耀邦の名誉回復、言論、結社の自由などを求める嘆願書を発表した。学生運動は主要都市に広がり、市民からも支持され、連日数十万人のデモが繰り広げられた。「反革命政治動乱」として鄧小平は武力鎮圧を決定し、5月20日には北京市に戒厳令が敷かれた。市中のテレビでは抗議デモの状況が報道されなくなった。そのため、民航ホテルで食事をして衛星放送で情報を得たが、それもストップさせられた。連日、香港よりFAXで香港情報が送られてきたが、確《しか》としたものではなかった。当局もFAXは阻止できなかったようだ。工場内ではおおっぴらな話はできないので、口コミで色いろ話されていたようだ。この頃、日本企業では帰国指示が出され、当時大連には80人ほど常駐していたが、残ったのは大手商社、銀行の事務所長クラスと合弁企業では私だけで、合わせて10名ほどであった。瀋陽領事館とは連絡のルートを決めていた。

6月3日夜、鄧小平は軍に天安門広場への進軍を命じた。6月4日未明、広場に残っている学生を武力鎮圧し、解散させる。そして多くの死傷者を出した。これが「6・4天安門事件」である。

学生たちが戦車の前に立ちはだかる報道写真が、その後各紙に載せられたが、この戦いの中で学生たちは風刺のビラを残している。その2つを紹介しよう。

人民已醒　中国已醒　人民はすでに醒《めざ》めたり　中国はすでに醒めたり

小平小平！　唯你不醒　小平小平！　ただ你《なんじ》のみ醒めざるや

これは学生なりに鄧小平を皮肉っている（『天安門の渦潮—資料と解説・中国民主化運動』岩波書店より）。

鄧小平は趙紫陽を解任し、上海市党委員会書記の江沢民を後任に抜擢した。「6・4天安門事件」により、先進諸国からの経済制裁を招き、国内でも改革開放の停滞をもたらし、経済成長は2年続けて低迷した（1990年GDP成長率3・8％）。

工場の職工や町の知り合いの人たちは公然とは言わないが、学生たちに同情していた。

中国語の「同情」には「共鳴する」という意がある。また巷の小話では「鄧小平が荷車の上で扇子をあおぎ、胡耀邦は前で荷車を引き、趙紫陽は後で押し、分からぬまま解任された」。〈鄧・胡・趙体制〉と言われた中身をよく言い得ている。中国人の風刺はなかなかのものである。

鄧小平は1992年、南方各地を視察して「南巡講話」を説いた。経済発展に利することこそが政治体制を評価する基準であると強調し、市場経済化を改革開放の目標とした。「南巡講話」は保・革の論争を終わらせ、中国の改革開放を再び軌道に乗せた。彼は単なる現実主義者ではなく、優れた理論家である。とはいえ、天安門事件は共産党独裁の限界を曝《さら》け出した。その意味を問うのが本書の主題である。

江沢民(1989年9月~2002年10月)~胡錦濤(2002年11月~2013年2月)の時代

1989年より江沢民時代が始まるも、1997年2月に鄧小平が死去するまで鄧が実権を持っていた。1990年8月に私は帰国したが、1990年は中国に顕著な変化が見られた時期であり、若干言及しておきたい。

1990年9月、北京で第11回アジア競技大会が開催されたが、中国は天安門事件の悪印象を払拭するためか、大連の市街も小綺麗にされ、商店の応対も良くなった。さらに売春婦の取り締まりも厳しくなったようだ。中国にとっても我々にとっても良かったのは、港での荷の積み降ろしが良くなったことである。それまで荷物の扱いが荒っぽいので海外の荷受人より顰蹙《ひんしゅく》を買っていたが、評判が良くなった。これもスポーツ大会のおかげであろう。

本項では江沢民と胡錦濤時代を一つにまとめて考えてみたい。それは「社会主義市場経済」や「四つの基本原則」といった鄧小平理論を彼らが継承し、それぞれの立場で修正した時代である。１９９７年2月に鄧小平は死去し、彼の時代の終わりが告げられたが、7月には香港が中国に返還され、体制の違いを乗り越える形として「一国二制」下で香港がスタートした。

9月の中共15全大会で江沢民体制が強化されるとともに国営企業改革が本格化する。１９９７年は極めて重要な年である。

江沢民時代（1989年9月～2002年10月）

１９９３年には財政制度改革を断行して、中央財政収入の確保を目指す「分税制」への切り替えを実現した。１９９４年の為替レートの統一や中央銀行の進化、政策銀行の設立など、銀行と市場の改革を行い、インフレを抑制して経済成長の道筋をつける。

１９９７年にはアジア経済危機に見舞われるも、巨額の公共投資（西部開発と道路網の整備）を行い、安い労働力と外資の受け入れで経済成長を維持した。２００１年には積年の念願であった世界貿易機関（ＷＴＯ）加盟を果たし、またオリンピックを招致した。中国は「世界の工場」と呼ばれることになる。

国有企業改革、金融改革、行政改革に朱鎔基は手腕を振るい、煙台にある国営企業のゴム工場、機械部品工場も90年代半ばに民営化。煙台工業局の要請により、私はこれらの工場を日本へ紹介することを引き受けた。地方の幹部の朱鎔基への評価はすこぶる高く、また若い人たちの評判も良かった。こうして朱鎔基は１９９８年3月、国務院総理に就任する。

胡錦濤時代（2002年11月〜2013年2月）

２００２年秋に胡錦濤政権へ交代。経済成長の過程で、２０００年に「下崗《シャーガン》」と呼ばれる一時帰休者が１４５４万人に達した。彼らは3年間で再就職できなければ失業者となり、２年間失業保険が給付される。２０００年には都市失業者に一時帰休者を加えた推計失業者は11・5％であった。

　また地方においては土地市場は地方政府が独占し、開発業者に譲渡するとき不正が行われ、腐敗の温床となった。そのため農民の暴動が頻発するようになる。

　農業の実情はどうであったろうか。

　中国農業を表す「人多地少」即ち人が多く、土地が少ないというのが実態である。２００６年に行われた土地利用の調査によれば、耕地面積は１億２１７８万haで、ほかに樹園地１１８２万ha、牧草地２億６１９３万haがある。全農家戸数は２億16万戸であり、１戸当たり０・６haである。耕地面積のうち水田の割合は26・0％、灌漑可能な畑は18・9％である。

労働争議件数の推移と参加人数

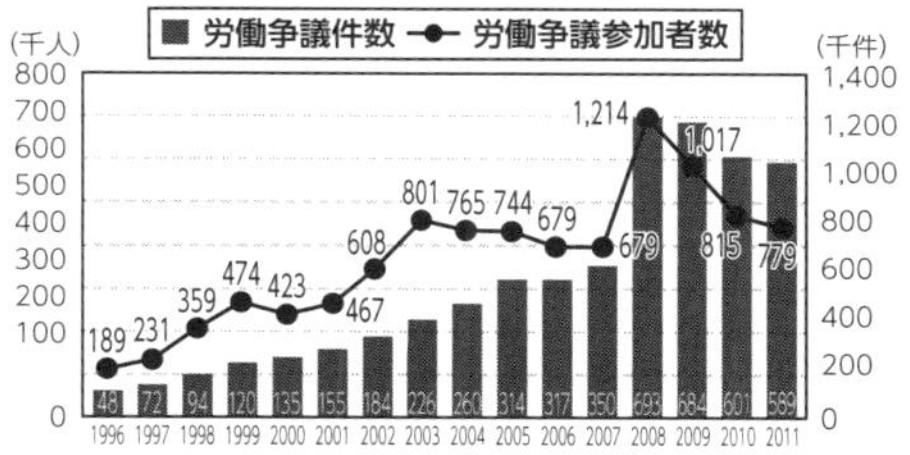

出典：中国研究所編『中国年鑑 2014 年版』より

失業者数と失業率の推移

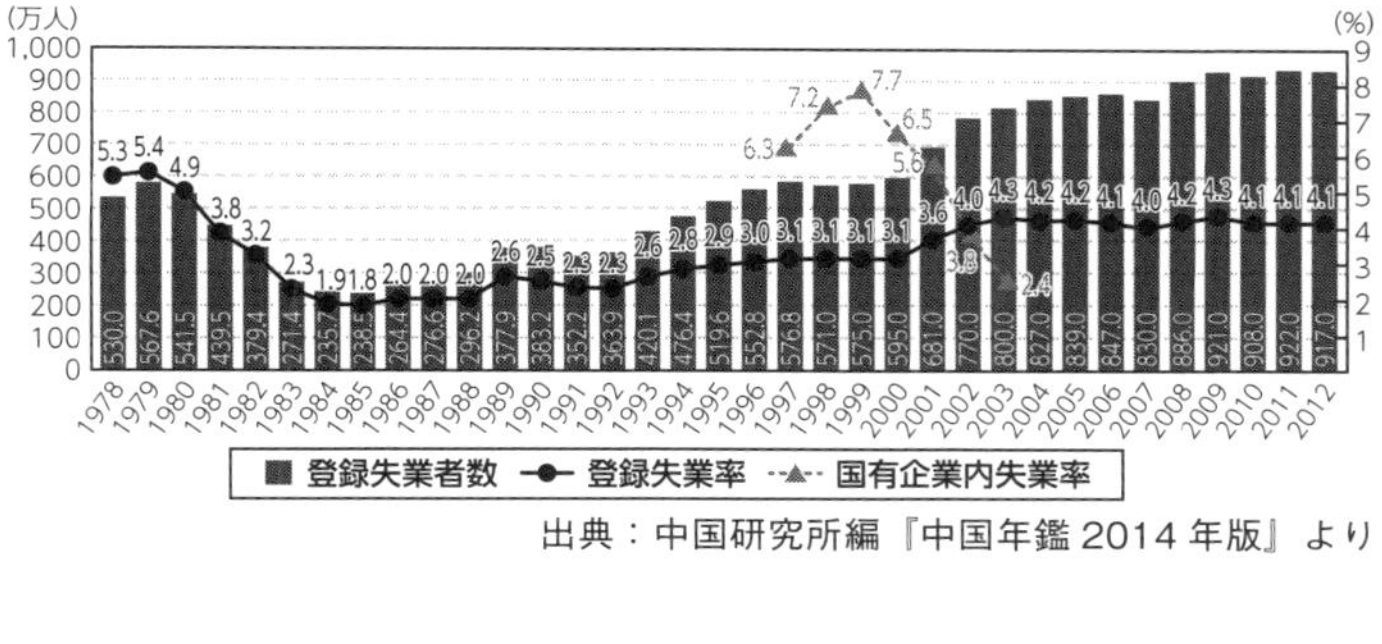

出典：中国研究所編『中国年鑑 2014 年版』より

「三農問題」（農村の荒廃、農民の貧困、農業の豊作貧乏）の深刻さ

経済成長路線の過程で生じた「ひずみ」、「格差社会」の是正こそ胡錦濤が掲げた「調和社会」実現の最重要課題であった。そのため農業税を2006年までに完全に廃止し、農村への財政資金の投入を拡大。そのうち農村インフラ整備に3000億元を振り向けた（これにより山東省の貧困農村地帯である萊州《らいじょう》でもかなり改善されたとの報告を出身者より受けた）。

2008年9月、リーマン・ショックによる世界金融危機に対して11月、いち早く4兆元にも及ぶ内需型の大型景気対策を公表し、危機対処を世界にアピール。危機を乗り切った。これには温家宝総理の貢献が大きかったとされている。こうして中国は押しも押されもせぬ「世界の市場」となる。

このように見てくると、1980年代に改革開放へ大きく舵を切らせた、指導者・鄧小平のまれに見る大局観。さ

農民工

単位：万人、％

	2008		2009		2010		2011		2012		2013	
	人数	比率	人数	比率	人数	比率	人数	比率	人数	比率	人数	比率
農民工総数	22,542		22,978		24,223		25,278		26,261		26,894	
出稼ぎ外出	14,041	62.3	14,533	63.2	15,335	63.3	15,863	62.8	16,336	62.2	16,160	61.8
単身	11,182		11,567		12,264		12,584		12,961		13,085	
挙家	2,859		2,966		3,071		3,279		3,375		3,525	
在宅挙業	8,501	37.7	8,445	36.8	8,888	36.7	9,415	37.2	9,925	37.8	10,284	38.2
出稼ぎ先												
省内	6,577	46.7	7,092	48.8			8,390	52.9	8,689	53.2	8,871	53.4
省外	7,484	53.3	7,441	51.2			7,473	47.1	7,647	46.8	7,739	46.6

出典：中国研究所編『中国年鑑 2014 年版』より

らにその後に続いた江沢民には朱鎔基、胡錦濤には温家宝といった「良き実務者」がいたこと。これらが、1980年代からの驚異的な中国の発展の鍵であったような思いがする。

中国人のバイタリティー

中国社会には古来、固定した階級が

ジニ係数（2003～2012年）

単位：元

2003	2004	2005	2006	2007	2008	2009	2010	2011	2012
0.479	0.473	0.485	0.487	0.484	0.491	0.490	0.481	0.477	0.474

出典：『中国統計年鑑 2013 年版』より

国民所得・支出の推移

単位：元

	1978		1990		2000		2010		2011		2012		2013	
	所得	支出	所得	支出	所得	支出	所得	支出	所得	支出	所得	支出	所得	支出
都市部	343	-	1,510	1,279	6,280	4,998	19,109	13,471	21,810	15,161	24,565	16,674	26,955	18,023
農村部	134	-	686	585	2,253	1,670	5,919	4,382	6,977	5,221	7,917	5,908	8,896	6,625

出典：中国研究所編『中国年鑑 2014 年版』より

中・日・米3国の貿易相手先（2013年）

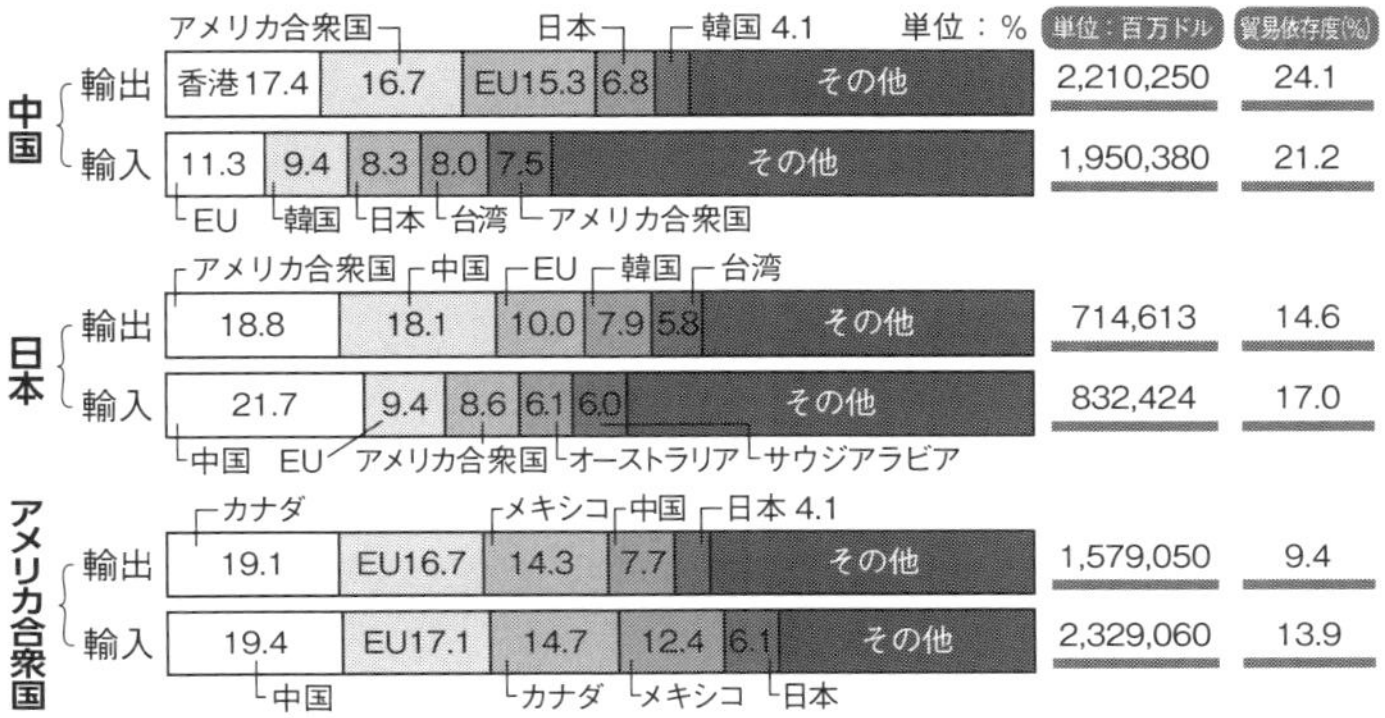

出典：『世界国勢図会 2015/16』（公益財団法人）矢野恒太記念会
輸出入額データを加筆

ない。従って「出自《しゅつじ》」即ち生まれ（出所）を問わないところがあり、誰でもどこでもいつでも参入できる。自営業（個体企業）が1990年代に盛んになったが、誰でも参入できることから、私の大連の知人もお金を儲けなければ（発財）と走り回り、一人は船備品、もう一人は肥料工場を1年で立ち上げた。そのバイタリティーは驚くばかりである。上海では日本料理店を開いた数人を知っている。

1995年の統計では、自営業の数は2528・5万戸で、従業員数4613・5万人、登録資金1813・1億元、生産総額2791・2億元、販売総収入8972・5億元であった（現代中国事典より）。

不動産分野では1980年代後半、大連で鉄筋丸出しで放置されたビルを、2002年には青島黄島区で工事が止まった多くのマンションを見かけた。これは、バイタリティーはあるが、後先をあまり考えない中国人の本質を表しているのであろう。2015年に起きた上海株価や不動産バブルの崩壊も、その一連であろう。

▲開発が中断してゴーストタウンと化した、中国遼寧省丹東市の新都市「丹東新区」（写真提供：共同）

中国人の汚職感覚

土地は公有であるが、使用権は売買できるので、農地や土地を転用のため譲渡するとき、地方政府の役人が不正を行い、金を手にする。「中国では財布を盗めば逮捕されるが、国家の財産を盗んでも捕まらない」と林語堂が書いている（『我が中国論抄』より）。また、中国社会は家族や地縁を重んじるため、情実により家族や同郷の私腹を肥やすことになる。こうした汚職の判明により、２００３年に処分された幹部は17万人余り、２００５年に処分を受けた党員は11万人、２００６年には約９万人といわれている（北宗週報日本語版　２００７年９月３日付　出典：21世紀の中国政治・社会　朝日新聞社）。

最近よくニュースで話題になっているのが、アメリカのカリフォルニアなどに家族や愛人を住まわせている「裸官」と呼ばれる多くの汚職人種たちだ。これが救い難い中国の実態である。

習近平政権になってから「虎退治」と称し、汚職・規律違反があったとして薄熙来（元重慶市党書記）、周永康（前党政治局常務委員）は無期懲役、徐才厚（前中央軍事委副主席）は死亡で不起訴、郭伯雄（全中央軍事委副主席）、令計画（前党中央統一戦線工作部長）は党籍剥奪された。これらの処置は、多分に権力闘争の側面があるといわれている。

中国外交の多極化の道

第二次世界大戦の終結とともに冷戦時代の幕開けとなり、米ソ対立の時代となる。1949年、中華人民共和国建国後は「ソ連一辺倒」の外交方針がとられる。この時代の毛沢東の認識は社会主義と資本主義との闘争であり、帝国主義との戦いが原則であった。また、ソ連の援助の下で産業基盤を作っていく。

1950年6月25日に朝鮮戦争が勃発。アメリカの参戦により、北朝鮮側は壊滅的な打撃を受け、中朝国境まで敗走し、ソ連と中国の支援を求めた。中国人民志願軍は10月19日に参戦し、アメリカ軍を38度線より南に追い返し、北朝鮮を取り戻した。これにより中米は決定的な対立関係になった。そのため1951年1月には、米国政府は台湾の国民党政府に対する軍事援助を復活し、翌2月には「米華共同防衛相互援助協定」に調印する。

それに対応するかのように、1954年6月には周恩来・ネルー平和五原則が発表され、翌年4月にはアフリカ・アジア地域の29カ国の首脳がインドネシアのバンドンに集まり、「バンドン十原則」に合意した。新しいアフリカ・アジアの時代の到来かと思われた。

1959年中印国境衝突、1969年には珍宝島を巡る中ソ武力衝突が起きた。中国はソ連、インドとも変質した帝国主義と見なし、事実上「反ソ反米の二正面作戦外交」

となる。中ソ関係が悪化する中で泥沼化したベトナム戦争に苦しむアメリカは、1960年代末に対中国政策を変更。1971年7月にアメリカ大統領補佐官キッシンジャーが秘密裡に訪中し、翌年2月のニクソン大統領訪中を機に米中和解を実現させた。これが「連※米反ソ外交」の転機となる。

1972年9月に田中総理大臣(当時)が訪中し、日中国交正常化が実現。日中友好時代となる。ただ中国の外交展開を困難にしたのは、1989年6月に天安門事件が起き、

▲スターリン（右）の70歳を祝う席での毛沢東　出典：人民日報社

▲周恩来中共首相を出迎えるネール・インド首相（写真提供：共同）

経済制裁を受けたことで国際的に孤立したことである。さらに同年11月にベルリンの壁の崩壊に始まる社会主義国体制の解体に直面したことであろう。ここで注目しておくべきことは、西側諸国による対中国制裁が継続されている中、日本は１９９０年6月に第3次円借款を再開している。このことは大連市幹部や知人の党員にはすこぶる評判が良かった。これが中国の安定に役立つものとして、私自身もうれしく思った。１９８０年代・90年代の日本の中国への協力は、日本人はもっと知っておくべきことであり、対中国交渉に自信を持つべきであろう。ここで私説を申し上げれば、対中国交渉は建前論にとらわれることなく、機を見るに敏で度量のある対応をすることである。優れた先人に見習うべきであろう。

※連米…アメリカに連なる意

鄧小平時代の外交

１９７７年鄧小平が復権し、「改革・開放」政策をとり、経済の発展を主体とした。経済の発展には諸外国との良好な関係が不可欠となる。１９７９年2月、中国はベトナムに侵攻、同年12月にはソ連がアフガニスタンに侵攻し、中ソ関係の悪化が懸念されたが、独立自主、是々非々の外交路線をとり、ソ連との緊張緩和を模索した。即ち「全方位外交」をとった。１９９１年にソ連が解体したが「韜光養晦、有所作為」（目立たずにやれることはやる）との方針の下、経済大国の地位を築いた。

江沢民政権期

１９９７年のアジア金融危機の際、人民元の切り下げを行わず、アジア諸国を助け、それを通して東南アジア諸国との関係が強化された。１９９７年４月には「世界の多極化と国際新秩序に関する中ロ共同声明」が発表され、「パートナーシップ（夥伴関係）」の概念、即ち「対抗ではなく、対話によって意見の相違や紛争の解決を目指し、第３国との関係の発展を防げるものではない」と説明している。

ただ、国際情勢は往々にして楽観的な認識を覆すことが起きるもので、１９９９年３月、ＮＡＴＯによるユーゴスラビアの空爆が行われ、５月ベオグラードの中国大使館を誤爆。反米愛国主義が高まった。江沢民は「経済建設を揺るぎなく堅持する」として、外交は「経済発展に奉仕しなければならない」と主張し、協調外交の継続が確認されることになる。

１９９０年代後半より中国は積極的な外交を展開したが、国際関係で主要な国として「一超四強（超大国としてのアメリカ、四強はロシア、EU、日本、中国）」と、自らを位置づけ、多極化の中で戦略的に対処し、外交を進めた。

胡錦濤政権期

国力の発展、国際関係の変化により、胡錦濤は「韜光養晦」とともに「有所作為」（ある程度の積極外交）の外交政策や交渉を行えるようになった。グローバリゼーション下で外交も徐々に活発化した。

２００２年11月、中共16全会で胡錦濤が総書記に就任し、政治報告で新たな外交方針として「与隣為善、以隣為伴」（隣国には善意を持って対処し、隣国をパートナーとする）、即ち周囲外交を重視する方針を打ち出した。前年２００１年６月には「上海ファイブ」にウズベキスタンを加えて「上海協力機構（ＳＣＯ）」を成立（中国、ロシア、中央アジア４カ国）。これは新疆ウイグル地区と隣接し、民族的・宗教的な共通性の高い中央アジア諸国との民族運動の連携を断ち切る多国間の枠組みの狙いによるものであろう。

またＡＳＥＡＮ（東南アジア諸国連合）に金融面や自由貿易協定（ＦＴＡ）などを通じて積極的に協力する。ＡＳＥＡＮと協力関係が進展したことを受け、２００３年には中国・ＡＳＥＡＮ関係の基本的枠組みを「戦略的パートナーシップ」に格上げした。それは中国外交におけるＡＳＥＡＮ関係の位置付けが高まったことを意味する。

このような背景には、中国が「改革・開放」後、経済建設に励んだことが挙げられる。結果、１９７９年〜２００７年間のＧＤＰ成長率は平均９・８％、今世紀に入ってからはカナダ、フランス、イギリス、ドイツを次々と追い越し、「経済大国」に成長した。２０１０年には日本を追い越して世界第2位となり、大国意識が芽生えている。

大国意識の顕在化

積極的な外交の展開の中で、江沢民は「我が国の経済力、国防力、科学技術力は著しく増強され、工業、農業、国防および科学技術などの多くの分野の多くの面で世界先進の仲間入りを果たした」と、中国の大国化を肯定。次の胡錦濤は「持続的経済発展と小康社会の建設」のためには、外交は国際社会との協調関係を維持すべきとしている。

この時の国民社会の目標は、「温飽」（衣食は事欠かさず）、小康（まずまずの生活）、「富裕」（中等発達国家並みの生活）。「小康」は２０００年までの達成目標であったが、現習近平も今なお掲げている。

そのような認識の下、2006年11月に胡錦濤首席がインドを訪問、2007年4月には温家宝首相が来日、12月には福田首相が訪中、そして2008年5月、胡錦濤主席が来日している。12月には中台間で「三通」（海運・航空・郵便）も始まった。

中国脅威論の高まり

経済面では1992年以来の高度成長に見られるように、安い労働力を求める外国資本の投資先としての魅力は、他国が及び難いものがあった。1997年のアジア金融危機には、アジアで「独り勝ち」している。対して日本や台湾では対中投資により、自国の産業の空洞化現象が生じた。また、安い中国製品の輸入により、国内産業も打撃を受けている。

軍事面より見れば、1989年以降、国防費は二桁の伸び率を続けている。南シナ海全域が古来、自国の領海であると主張し、1988年にはベトナム海軍と軍事衝突を起こし、南沙諸島を占領。1995年にはフィリピンが領有権を主張するミスチーフ礁に建造物を建設し、実効支配している。同じく1995年から1996年の春にかけ、台湾の総選挙を標的にしたミサイル演習と称して威嚇。長距離ミサイルの増強や原子力潜水艦の領海侵犯などが中国脅威論の論拠になっている。このため中国は、問題解決のためには武力行使を躊躇しないとの認識が国際的に広まった。政治面で一党独裁体制を堅持し、民主主義とは異なる価値観で行動する大国の出現により、国際情勢の緊張が懸念される。

Column 05

南シナ海の領有権問題

◆現代・中国を見る

各国が領有権を主張する海域

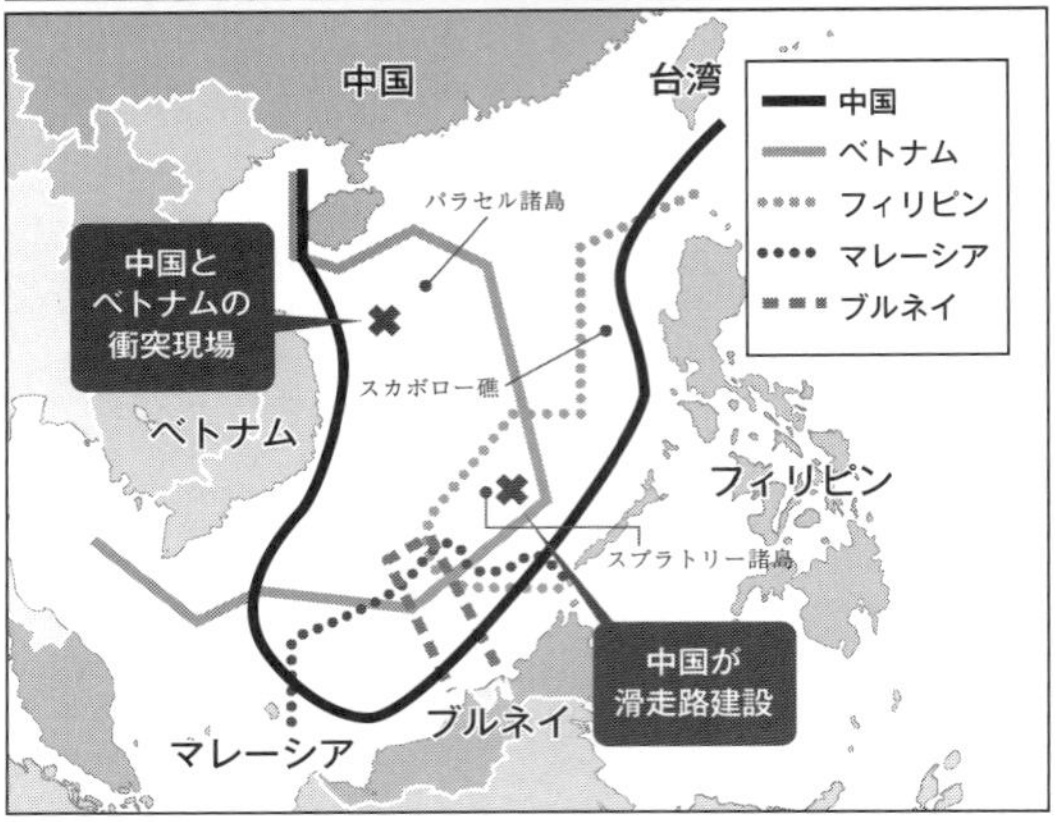

太平洋とインド洋、アジア大陸と海洋アジアを結ぶ南シナ海は古くより海上交通の要衝である。この海域には東沙、中沙、西沙、南沙の四つの群島があり、その周辺は恵まれた漁場となっている。しかし、石油・ガス資源の存在が分かった1969年頃から領有権主張の対立が激化。境界線が重なり合う中国、台湾、ベトナム、フィリピン、マレーシア、ブルネイが、それぞれ領有権や管轄権を主張し合っている。中でも中国は、1974年に西沙諸島、1988年に南沙諸島を巡ってベトナムと戦い、勝利して実効支配を始める。1992年には、南シナ海全域の領

有権を明記した「領海及び接続水域法」を制定。中国は、独自に設定した「九段線（別名：牛の舌）」が、1994年発効の「国連海洋法条約」より古くから存在していたと主張して譲らない。今や中国は領海と海洋資源を巡るルールや航行の自由、領有権問題の平和的解決の脅威となっている。

2011年秋に開催された東アジアサミットでは、海洋覇権を狙う中国に対し、首脳会議に先立って行われた中国・ASEAN外相会議では南シナ海に関する行動宣言のガイドラインが合意されたが、中国はこれを事実上無視。南沙（スプラトリー）諸島に3000m級の滑走路を建設している。狙いは制海権を確保し、この海域でのアメリカの影響力を排除することであろう。さらには防空識別圏（ADIZ）の設定がその視野にあるのではなかろうか。

このような状況下、2015年10月27日にアメリカのイージス駆逐艦が人工島12海里（約22㎞）内を航行。中国艦2隻が警告のため追尾した。その前月、訪米した際に習近平国家主席は、南シナ海で造成した人工島は軍事拠点にしないと発言しているが、アメリカは、いや世界は信じていないということであろう。中国は相手の出方を見て、自国の都合の良いように行動するのが常である。公海の航行の自由を守るため、諸国が連携して断固とした行動に出る必要がある。

追記：2015年11月21日の新聞報道によれば、中国が主張する「九段線」について、インドネシア政府が「国際法上の根拠を欠く」として否定する政策文書をまとめた。これは大きな影響力を持つであろう。

習近平の外交

2012年11月、中共第18大会で習近平が党総書記に就任。「中華民族の夢」を幾度となく語っている。それは2002年中共第16大会の政治報告で語られた「中華民族の偉大なる復興」を意味するものであろう。かつて世界に誇った中華王朝の隆盛を思わせる富強の大国への思いである。近現代の屈辱の歴史を思えば、言葉の響きは心地良いであろうが、中国に期待するのは時代がかった王朝ではなく、人民民主主義に基づく国名通りの人民共和国である。

中国の公式的な外交理念
① 「協力とウィンウィン（Win-Win）関係を中核とする新型国際関係の構築」
② 「パートナー関係のグローバルネットワークを構築」(同盟外交ではなくパートナー関係)

日米「同盟」、米韓「同盟」のように同盟ではなく、「上海機構」のようにパートナーの集まりとして「機構」、フォーラムを使用している。これはリアリズムを基礎とする伝統的考えを越えるもので頷けるが、実際には南シナ海の領有権問題は国際法を無視し、「核心的利益」として武力行使も辞さないのが中国流恫喝外交であろう。

中国の研究者である葛兆光は、その著『中国再考』（岩波現代文庫）において「現代国家の国境を用いて歴史上の王朝の領域を遮って記述することはできず、歴史上の王朝の領域を用いて現代国家の国境を論証することはできない」と論断されている。中国は台湾が第二次大戦後に策定した南シナ海の大部分を含む領海線（別名九段線）を中国の領海として主張し、「南沙要塞」の建設を進めた。これは中国軍が南シナ海、マラッカ海峡を制海権下に置こうとする目論見であろう。

さらに注目しておくべきはウクライナ危機に対し、「中ロ関係は特殊な関係」と性格付け、対欧米のパワーバランスとして対応していることである。また2014年には、中国は「一帯一路」として「シルクロード経済ベルトと21世紀の海上シルクロード」構築を始めている。中国の地勢的優位性を生かしたアジアとユーラシアの経済統合を目指すものであろう。広大な構想ではあるが、〝現代のシルクとなる価値〟は何であろうか。今はっきりしているのは、中国経済の打開策であること。アジアインフラ投資銀行（AIIB）もその筋のものであろう。

習政権の対外政策の「急ぎ働き」※的な動きを、まずは落ち着いて見極めることである。ただはっきりしていることは、中国共産党の権力支配の正当性が問われており、外交は内政の延長線上にあることである。

※急ぎ働き…池波正太郎著『鬼平犯科帳』内の用語。入念な準備をせず、押し入って奪い、他所へ素早く逃げる盗みの手口のこと

Column
06

◆現代・中国を見る

一帯一路・アジアインフラ投資銀行(AIIB)

中国のインフラ投資戦略

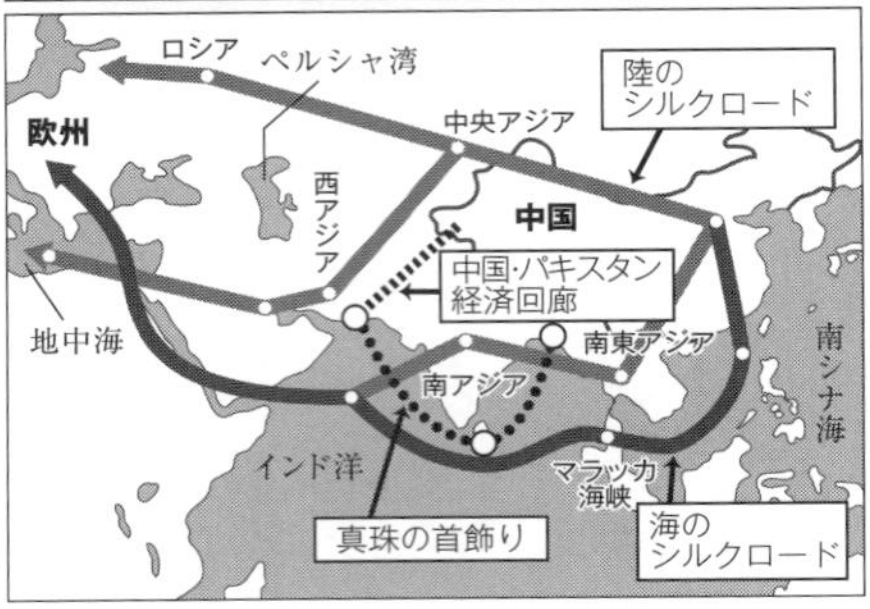

２０１３年10月、インドネシアで習主席が「21世紀海上シルクロード」と「アジアインフラ投資銀行（ＡＩＩＢ）」の設立を提唱し、その筋書きがはっきりした。中央アジア諸国を経て欧州に延びる「シルクロード経済ベルト（一帯）」と東南アジアからインド、中東、東アフリカを経て欧州へ至る「21世紀海上シルクロード（一路）」を確立しようということである。その狙いは関係諸国のインフラ需要を見込み、余剰生産力を抱える中国経済の再生と関連諸国への影響力の拡大であろう。「一帯一路」沿いには64カ国あり、世界総人口の63％になる44億人が暮らす。ＧＤＰ総額は21兆ドルで、世界の29％を占めると言われている。

この地帯を中国の市場に取り込み、アジアと欧州の経済圏を結びつける。一見、地勢的大局観のように見えるが、中国政府が直面する問題、即ち経済の停滞と治安の悪化の打開のため、海外への「積極外交」に打って出たものであろう。中国は国防費の増大で批判を受けているが、国防費よりも治安対策費に多額の金を使っていることはよく知られているところである。

アジアインフラ投資銀行（ＡＩＩＢ）は、アジア新興国のインフラ整備の資金需要に応えるものと説明されている。それも事実であるが、アジア開発銀行（ＡＤＢ）や世界銀行への対抗の意図もあろう。資本金は１０００億ドルが見込まれているが、中国の出資額は50％と見られている。ゆえに融資は中国の意向が強いものとなるであろう。ちなみにアジア開発銀行の出資比率は日・米ともに10％台に抑えられている。

２０１５年6月29日、アジアインフラ投資銀行の創立メンバーは50カ国と発表された。ただ設立メンバーに加わったドイツ・イギリスは出資額を抑え、距離を置いている観がある。欧州の先進国は「利」を見るに「敏」であるが、それなりによく見ているところがある。日本は建前も大事であろうが、融通も必要である。世界の動きはそんな単純なものではない。

日本総合研究所理事（ワシントン駐在）の呉軍華氏は「一帯一路は地政学的な狙いも含む大戦略であるが（中略）この構想は多岐に渡って不確定要因が多いので見極めが難しい。大規模な投資を急速に国外に広げるわけだからリスクも大きい」と考えている。私も同意見である。必ず日本の出番もあるので、人材は派遣しておくべきと思うのだが…。

第五章

現代中国社会を構成する人々と変容

革命前の中国社会の姿

中国というと、共産党幹部や高級官僚の言動、ＩＴ・金融などの事業で成功した人達の華やかな生活ぶり、また日本に来て爆買いする旅行客のことが昨今、よく報道されている。また、総資産が10億ドル（約１２００億円）を超える富豪が２０１５年には５６９人に増え、初めてアメリカを上回ったと中国の出版グループが発表。所得区分では、中国は中所得国の上位にランクされるようになり、確かに良くなった。その一方、出稼ぎ農民工に在地農民工を加えた総数は２０１３年度に2億６８９４万人となり、中国人の５人に１人は農民工となった。時々子どもを攫《さら》われた親が探しまわる地方の町や農村の貧しい光景がテレビに映し出されるが、このような中国の状況を見れば、意気揚々と「中国の夢」を語る党幹部達に多くの人は違和感を覚えるであろう。

こうした社会の成り立ちを考えてみるのが本章の主題である。毛沢東は20世紀前半の中国の社会を「半封建、半植民地」の状態と捉えて新民主主義革命のテーゼとし、中国社会の圧倒的多数を占める農民を革命の中心に捉えた。まずは革命前の社会の姿、形と農村の有り様を確認しておきたい。

皇帝支配による郡県制は明・清代まで続いたが、官は税の徴収と裁判以外は何もしないので〈官は民と疎、士は民と近し、民の官を信ずるは、士を信ずるにしかず〉といわれていた。中国の農村においては「郷神《※きょうしん》」や地主などによって村落は指導され、共存していた。西洋の封建制とは異なり、また日本に見られたような名主を通して末端まで支配する形もなかった。

１９３０年代には全農家の32％が土地を持たず、耕地の約42％が小作地となり、小作料は収穫の50～70％と言われている。農民は病気や不作などによる一時的借金が返済できず、抵当に入れた土地を失うことになった。中国農村の暗い側面である。全国的に見れば、北の方が比較的自作地が多く、南の方は小作地が多い。南の方は流通経済が発達していたからであろう。

革命前の村の階級構成を知る一端として、安達教授の〃一農学徒の現地報告〃を参考にしたい。

１９９７年3度目の訪問で、北京～天津間にある通州垡頭村で聞き取りを行っている。この村は純農村であり、ここの経済協同組合事務所の揚組合長は弱冠20歳で党書記になり村長にもなっている。村のトップの経歴の持ち主であり、記憶が確かなので、教授は揚組合長の話を基に表を作成されている。それは革命前夜を知る良き資料である。

〈注〉郷神…明・清時代、現職・退職の官僚を郷里において郷神と呼んだ。彼らは郷村で、有力な存在として指導に当たる

１９５０年６月の土地改革法の公布後、地主と富農の土地・財産はすべて没収、資産は村有とし、土地は幼児まで含めてすべての家族１人当たり３畝※を均等配分した。配分が済むと「互助組」、即ち農家が数戸相寄って春先の種蒔きから覆土などの作業を協同で行う農業作業組織を作った。一組が５から７戸の編成で馬、農機具など共同利用している。どの畑も反収《たんしゅう》は上がった。互助組は１９５２年から１９５４年まで続き、以後は合作社に改編される。そして人民公社への道を歩む。これが垈頭村で行われた事例である。

全国的にみれば土地改革法の公布後、人口１割の地主富農が土地の７から８割を所有する状況の改善を目指し、３億あまりの農民に７億畝の土地が分配された。１９５３年に毛沢東は農業の社会主義改造に踏み切った。以後、互助組→初級合作社→高級合作社と農業の集団化の道を歩むことになる。

戦前の農民階級構成

	戸数	割合	所有面積(畝)
1 地主	17	4.1	最大600、200～500
2 富農	18	4.4	100～150
小計	35	8.5	
3 中農			
(1)上層	50	12.2	30～40
(2)中層	120	29.3	30～40
(3)下層	20	5.0	10～20
小計	190	46.4	
4 貧農	140	34.1	無所有
5 雇農	45	11.0	無所有
合計	410	100	

出典：『中国農村・激動の50年を探る――農学徒の現地報告』農林統計協会
※所有面積は本文より転記

〈注〉畝（ムー）…土地面積の単位。１畝＝６６６７アール　公畝（コンムー）１アール＝１００㎡＝30・３坪

毛沢東時代

　１９４９年の革命達成時には人民民主統一戦線政権として、政治協商会議の下に労働者階級、農民階級、革命軍人、知識分子、プチブルジョア、民族ブルジョア、少数民族、華僑及びその他の愛国民主分子が結集していた。１９５０年６月の土地改革法により、地主、富農の土地を没収し、中農、貧農に配分。地主、富農は「階級敵」とされ、また知識分子は一つの階層と見なされた。したがって毛沢東時代は階級※区分として「二つの階級（労働者階級、農民階級）、一つの階層※（知識人）」とされた。毛沢東の階級闘争の視点に基づいたものである。

　１９５０年代には工業化が進み、農民の都市流入が発生。食糧、住宅、治安などの問題が起

土地改革前後の各階級世帯平均土地保有量

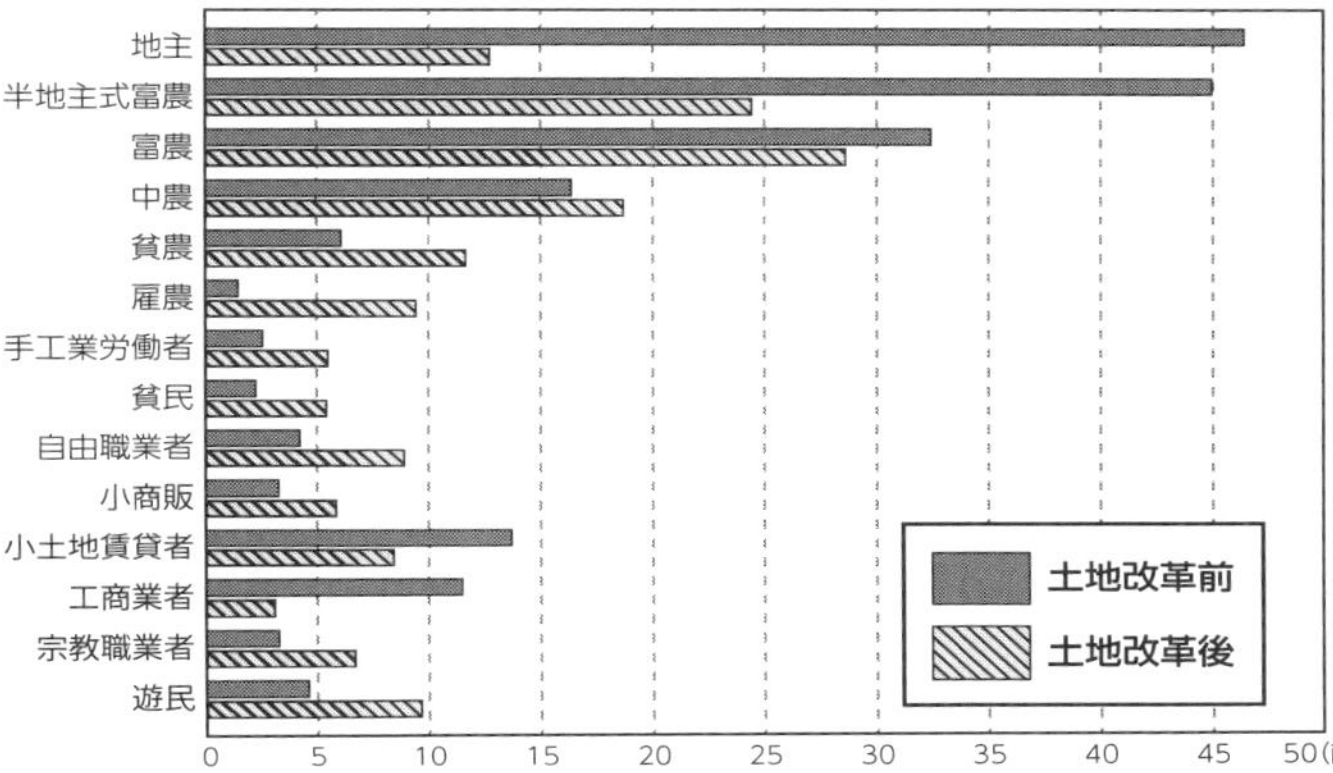

出典：『二十世紀中国の革命と農村（世界史リブレット）』田原 史起（著）山川出版社

こったため1958年、「戸口登記条例」により、農村戸口（農村戸籍）と城鎮戸口（都市戸籍）に分け、自由な移動を制限した。私の大連時代、農村戸籍である服務員の高娼は、恋人が都市戸籍だったため結婚を断念した経緯を知っている。また、1990年代末、造船所時代に研修生であった天津大学出身のY君は河北省の農村の生まれであるが、兄が解放軍の高級将校で都市戸籍を持っていたので、その後、大阪大学大学院を卒業している。この事例は私の身の回りのことだが、中国社会の戸籍問題は閉鎖された身分社会を形成している。当時、「都市で農民が自由になるのは空気と便所だけ」と言われていた。現在、多少緩和されているが、戸籍制度は今なお中国が抱えている重要な社会問題である。

都市の企業・機関・学校・軍・国体の構成員などが所属する組織＝単位がある。私が赴任していた日中合弁企業「ＣＥＣＣ」はプラントの鉄骨などを製造しており、大連建築総公司の単位に所属していた。工場の職員や工員の身分や給与などの待遇と生産活動は、この単位を通して上級党機関の承認を得ており、個人の身上調書（档案）を保管している。私の経歴もすべて調べていたようだ。

このように見てくると、毛沢東時代の中国社会の成り立ちは、階級による区分制度、戸籍による都市と農村の分離、単位による身分規定など幾重《いくえ》にも縛りのある身分社会であろう。

１９６０年前後の学生時代、すでに毛沢東には違和感を抱いていたが、１９８０年代後半に大連で生活し、工場の作業者、街の人達、農民など、即ち老百姓（庶民）に接し、中国が身近な存在となる。これが常情（人の常）であろう。


〈注〉階級…権力を有する者。皇帝・官僚（支配階級）、権力を持たない農民・商工者（被支配階級）。現在の状況は中国の共産党幹部とそれに連なる資本家は、支配階級であり、農民や勤労者は被支配階級である。

階層…職業・収入などによる成層的に格付けされたものである。

この説明は、日頃思っている私見である。

鄧小平時代から江・胡政権にかけて

鄧小平による農村改革、改革開放により農村では人民公社が解体され、生産請負制の導入によって農民の階層分化が始まったことは、先述したところである。国有企業においても、改革開放経済政策により改革が進展し、「下崗《シャーガン》（レイオフ）」が行われ、失業問題が起きた。農村では１９８９年以降、「民工潮（農民の出稼ぎブーム）」が起こり、盲流（盲目的流動）が発生した。農村の余剰労働や都市の失業者の働き口のため、中国政府は「個体企業（個人企業）」、「私営企業」を認めるとともに「三資企業」即ち合弁・合作・独資企業を容認した。そのため労働者の階層分化が加速された。１９８９年前後、工場の女子従業員の夫がレイオフされ、日本企業への就職の世話をしたり、紹介で私のところに来た台湾人の若い人の相談に乗ったことがある。１９９０年には台湾人のビジネス目的の訪中が認められた。即ちこの頃には様々な個人企業や私営企業、外資企業で働く人々がおり、単位による拘束は弱くなった。そして様々な仕事や職業の人達が増え、「階層」概念で社会の構成が分析されるようになった。

就業者分布

	就業者総数	農村就業者	都市就業者
1978	40,152	30,638	9,514
1980	42,361	31,836	10,525
1985	49,873	37,065	12,808
1990	64,749	47,708	17,041
1995	68,065	49,025	19,040
2000	72,085	48,934	23,151
2005	74,647	46,258	28,389
2010	76,105	41,418	34,687
2011	76,420	40,506	35,914
2012	76,704	39,602	37,102
2013	76,977	38,737	38,240

都市就業者の構成、推移

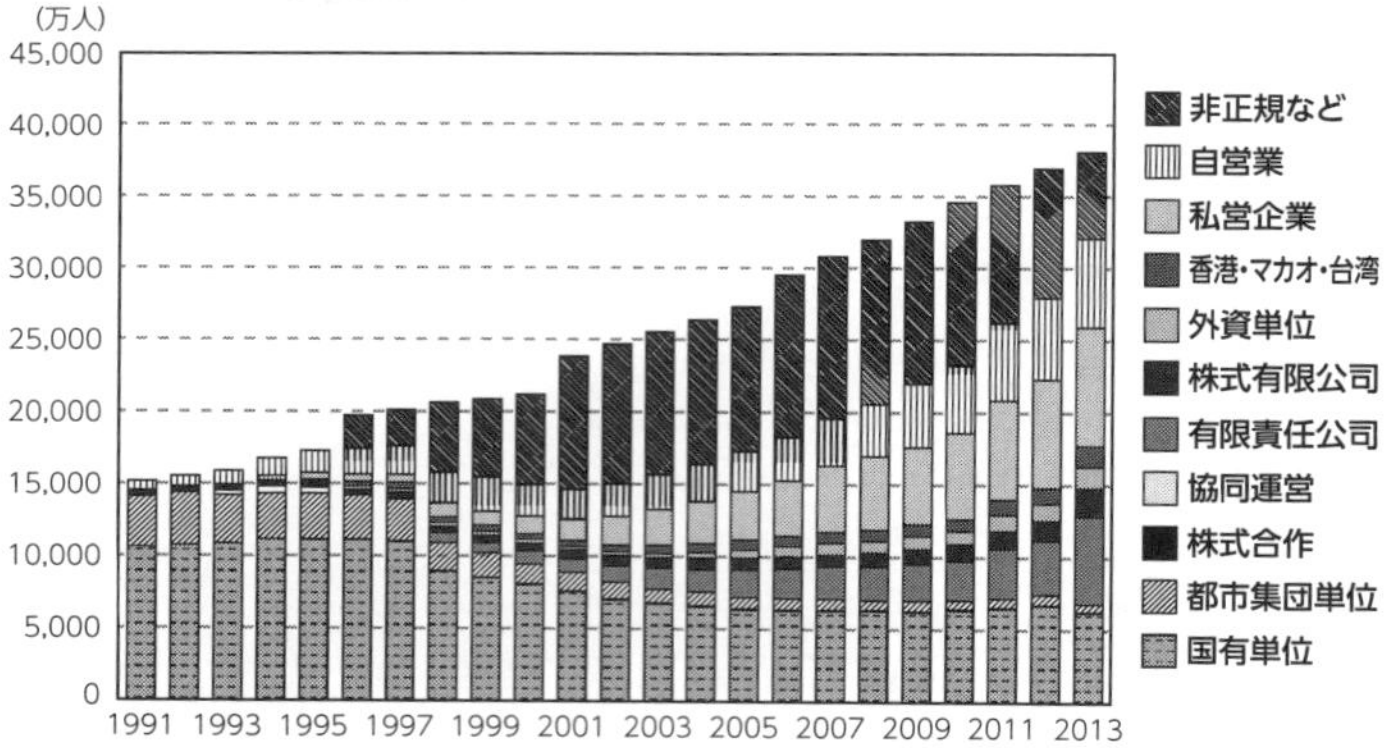

出典：『中国統計年鑑』各年度版

２０００年頃より職業が多様化され、多元化された階層社会の出現となる。陸学芸主編「当代中国階層研究報告（２００２年）」によれば、職業分類を基に10の階層に分類している。①国家と社会の管理職②経営管理職③私営企業主④専門技術職⑤事務職⑥個人経営商工業者⑦商業・サービス業従事者⑧産業労働者⑨農業労働者⑩都市と農村の無職・失業・半失業者である。

また、同報告は上記の10階層を「上層、中の上層、中の中層、中の下層、及び下層」と5つの「社会経済等級」に分けている。ここで見られることは、〈平等で合理的な共同社会を建設する〉という社会主義の理念が形骸化していることである。また国家・社会管理者、私営企業主が上層・中上層とされ、産業労働者層・農業労働者層は中下層・下層にランクされ、労働者・農民の地位は低下。「労・農同盟」が主導的役割を果たすとの考えは失われた。「人民民主共和制」、即ち建国の理念も失われている。

改革・開放経済の推進のため、１９８０年に鄧小平が打ち出した「先富論（先富起來）」は一時的に経済格差を容認したものであるが、これにより沿海部の経済発展を実現した。同時に一方では内陸部の発展が遅れた。また、成金と庶民の貧富の格差が増大し、新たな問題が浮上した。ここでも中国（人）特有の節度のない利己主義的な行動が鄧小平路線を脱線させている。１９９１年に憲法に明記した「社会主義市場経済」の社会主義という冠言葉を取っ払ってしまった。今日の無秩序な経済の混乱を見るとき、優れた実務家であるとはいえ、鄧小平の責任は大きいであろう。

私がよく上海を訪れた2008年頃の都市労働者の平均年収は3万元であったが、国営企業経営者の年収はその60~70倍といわれ、また最高の給与所得者は国家機関で働く管理職であった。一般庶民は少なからず、不満を抱いていた（当時上海には20代、30代、40代の調査協力者がおり、社会生活の情報を得ていた）。

2001年の調査で作成された十大階層は、中国理解の一つの手掛かりのため、掲載した。中国の定義に基づけば、中間層は国家・社会管理職層から個人経営商工業者層であり、数は23・6％である。

十大階層

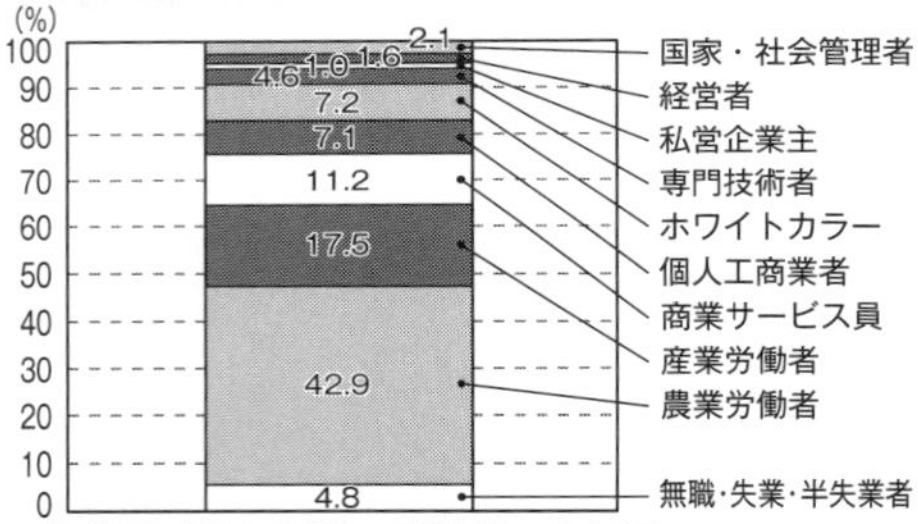

※個体戸（個人企業）：従業員７名以下
私営企業：従業員８名以上

セクター別所得の変化

※ 1998・2006 年４都市（天津・上海・重慶・広州）で行われた都市内部での階層別個人収入調査による

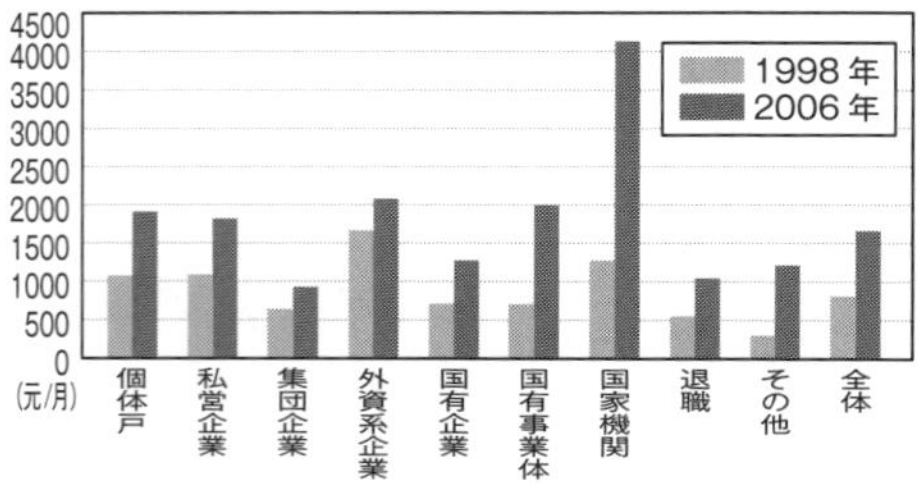

出典：新・図説中国近現代史（法律文化社）より

中国における市民社会

　２０００年頃より、職業が多様化し、多元的な階層社会が語られるようになって、中国における市民社会の可能性の問題が論議されている。そこで、若干のコメントをしたい。代表的な意見を挙げれば、

①市民社会とは非政府、非営利の立場から人々が自らのイニシアチブによって公共の問題について考え、行動する社会（の側面）と理解してよい〈『中国の市民社会』李妍焱《リエンエン》教授　岩波新書（２０１２年）〉。どちらかといえばＮＧＯ、ＮＰＯの活動に力点を置いている。

②今の中国において「市民社会」の形成に最も寄与するものと考えられるのは住民自治組織、民間非営利組織と中間層である〈『５分野から読みとく現代中国』の第４部　段瑞聡教授　晃洋書房（２００９年）〉。社区・村民委員会などの基層組織と中間層の役割に力点を置く。

③人々が苦しみを味わい、そうした現状を変えたいと起こす集合行動（Collective action）、財の再分配、社会保障改革などマイノリティーや貧しい人々に目を向けている〈『中国社会はどこへ行くか』での対談　劉能教授　岩波書店（２００８年）〉。

三人とも中国の現実は「強い政府と弱い社会」であり、党・国家と「共棲」関係にあり、まだまだ時間がかかると見ておられる。中国には中国の段階的発展があり、「中国の市民社会」があると思っているので、ここではあえて論評しない。ただ現代市民社会論は、①市民社会は国家のみならず、市場からも自立した領域②市民社会の基本単位は個人よりもさまざまな集団に求められ、中間集団やコミュニティーによって構成される領域、と考える。〈教会、文化団体、独立メディア、スポーツクラブ、市民運動グループ〉などの自発的結社が含まれるとした論に賛意を持っている。

これは「物質主義」や市場のグローバリズムを批判し、新しい価値を追究する新しい社会運動とされている。即ち今日的課題として、人権の擁護、金融資本の横暴を防ぎ、協調介入による経済のコントロール、貧困、環境問題への取り組みが重要である。

第六章　中国革命の遺したもの

革命に翻弄された中国近代史

毛沢東の「新民主主義論」によれば、中国革命とは1840年〜1942年のアヘン戦争に始まり、1919年の五・四運動は、反封建・反帝国主義を主張しており、新民主主義革命に連なる運動と考えられる。アヘン戦争は反帝国主義の民族運動であり、山東問題がきっかけとなった五・四運動は中国最初の啓蒙的な愛国大衆運動である。いずれにしても中国革命は1949年の中華人民共和国樹立によって民族の独立と解放を達成した政治、社会変革の総称である。その核心にあったのは、毛沢東が中国社会を「半封建、半植民地」と位置づけ、大多数を占める農民を中心にした革命論。「半植民地」は中国でよく見られた統治の全権を有する「租借地」や治外法権を有する「租界地」などの被支配の実体である。

1911年、武昌蜂起《ぶしょうほうき》による辛亥《しんがい》革命（中華民国の成立）を経て五・四運動に至る中国革命は、1920年代には孫文の中国国民党と1921年に結成された中国共産党の二つの運動となる。コミンテルン（共産主義インターナショナル）の指導で成立した中国共産党はマルクス・レーニン主義理論によりつつ、後進農業国を変革する方針を打ち出す。レーニンは、植民地では農民だけによる革命が可能であるとしていた。

基本的には国民党は民族ブルジョア政党であり、労農大衆を基盤とする共産党とは、運動の向かうところを異にしている。１９２４年、第一次国共合作が成立するが、１９２５年の孫文死後、権力を掌握した蒋介石が北伐の過程で１９２７年、四・一二クーデターを起こし、共産党を弾圧したため、国共は分裂。同年７月、南京に国民党政権を成立した。一方、共産党は農村の山岳地帯で武装闘争に入る。農村で土地革命を進め、根拠地を作り、農村から都市を包囲する戦略をとる。

１９３１年の満州事変に始まる中国東北部の侵略、１９３７年の日中戦争の開始は中国革命に新しい局面をもたらした。即ち第二次国共合作と救国戦争の展開である。国民党は国家防衛戦争としたが、共産党は民族革命戦争ととらえ、民族の独立・解放と社会変革を結びつけた。抗日戦争勝利後、国民党と共産党は再び内戦へと発展したが、新民主主義革命を押し進めた共産党が勝利し、１９４９年10月、中華人民共和国を樹立した。敗北した国民党は台湾でその政権を維持し、現在に至る。

ただ大躍進運動から文化大革命に至る時代において、１９８１年の中共11期６中全会の「歴史決議」で文化大革命は完全に否定され、毛沢東については「功績７分、誤り３分」と評価された。

長征　革命への苦難に満ちた道程

1935年10月、中央紅軍は1万2500㎞を踏破して陝西省呉起鎮に到着したときには、当初の10万の兵力は1万以下となり、軍事的にみれば大敗走であった。しかし、抗日戦争の根拠地を作り得たことは、歴史的には大きな意味を持つ。

長征では多くの農村を通過し、その際に各地で農民が加わっている。中国革命では「緑林《りゅうりん》」（地方の義侠心のある無頼の徒）や「土匪《どひ》」（土着の匪徒・悪者）の役割が大きかったと言われている。共産党も力が弱く、彼らを利用して地方や農村に入り、また彼らも闘いに加

「長征」の経路

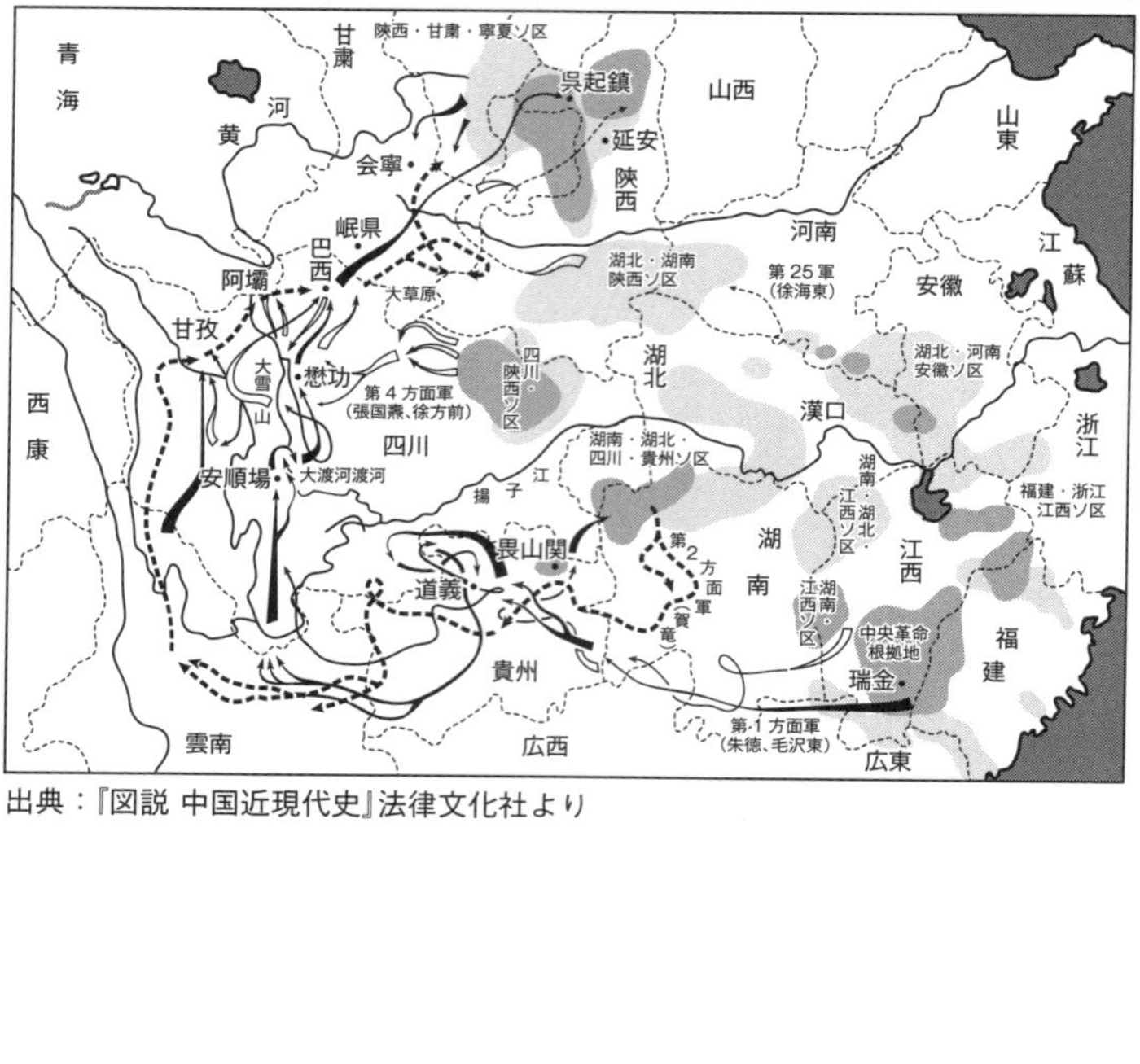

出典：『図説 中国近現代史』法律文化社より

わる。その辺の事情は『中国革命を駆け抜けたアウトローたち』福本勝清著（中公新書）、『二十世紀中国の革命と農村』田原央起著（小川出版）で詳しく述べられている。彼らは中国革命成就の「鍵」のひとつであった。中国共産党は彼らをも包容できる懐《ふところ》があったのであろう。その一方、人民に奉仕する規律を求めている。

１７８９年のフランス革命は市民革命として時代を画し、１９１７年のロシア十月革命は初の社会主義国を誕生させた革命として、それぞれ歴史的意義を認められている。中国革命は１９４９年、人民共和制の政府を樹立したことにある。１９３０年代のファシズム台頭に抵抗し、戦争の脅威に抗する反ファシズム統一戦線の方針を１９３５年のコミンテルン第７回大会で採択、労働者・農民・都市中産階級・知識層の提携を目指した。これに基づき、１９３６年２月にスペインで、同年６月にフランスで人民戦線内閣が成立した。しかし

毛沢東が一気呵成に詠んだとされる詩

紅軍不怕遠征難、
万水千山只等閑。
五嶺透迤騰細浪、
更喜岷山千里雪、
三軍過後尽開顔。

（大意）
紅軍　遠征の難《かた》きを恐れず
万水千山　ただ　茶飯事とす
五嶺《ごれい》はうねりうねって
さざ浪を躍らせるが如く
更に喜ぶ　岷山《びんざん》　千里の雪
三軍　過ぎてのち　尽《ことごと》く　開顔《わらう》

出典：『長征』ハリソン・E・ソールズベリー著　時事通信社より

中産階級との提携を重視するあまりに諸勢力との結合が弱くなり、スペイン内乱の末期、人民戦線政府の解体となる。一方、中国では共産党が民族の独立、解放と社会の変革（土地改革）を結びつけており、また統一戦線の主体を大多数を占める農民におき、1949年に中華人民共和国に結実した。

中国は、対外的には植民地や半植民地の解放武装闘争を支援する（劉少奇《りゅうしょうき》テーゼ）方針を掲げている。1954年、周恩来・ネール会談で平和共存を原則とする「平和五原則」を共同声明として発表。翌年4月にインドネシアのバンドンで開かれたアジア・アフリカ会議（バンドン会議）では29カ国が参加し、主権平等をうたった「平和十原則」が発表された。中国の中立国に対する支援外交政策によって、世界の新しい局面が可能になったのであろう。これも中国革命のもたらした歴史的意義の一つである。それには優れた政治家、周恩来の存在も大きいであろう。

路線転換　1953年〜1957年　社会主義改造期

1953年6月、中共中央政治局拡大会議で毛沢東は新民主主義段階に終わりを告げ、国の工業化と農業・手工業・資本主義商工業の社会主義改造を長期間かけて実現する「過渡期の総路線」を提起した。経済5カ年計画はこの年に始まり、1955年からは農業の集団化、工商業・手工業の公有化を始め、1957年までに終えた。長期的・漸進的な社会主義建設計画が無視され、毛沢東の呼びかけによる大衆運動により、急進的な社会主義建設への路線転換が始まった。

1957年～1960年には毛沢東の盲進と恣意的な政治・大躍進運動が行われたが失敗に終わり、1500万～2000万人の餓死者を出した。1961年～1965年、劉少奇、鄧小平、陳雲ら実務者の手で経済調整が行われ回復に向かったが、毛沢東は社会主義社会の矛盾は階級闘争にあるとし、1966年～1976年に文化大革命を起こし、中国社会を混乱に陥れた。

工業部門の社会主義改造（%）

	社会主義工業	国家資本主義工業（おもに公私合営）	資本主義工業
1949 年	34.7	9.5	55.8
1952 年	56.0	26.9	17.1
1956 年	67.5	32.5	0

出典：孫健『中華人民共和国経済史稿』吉林人民出版社、1980 年

全国農業政策合作社の増加（1950 ～ 1957 年）

	合作社総数（万）	うち高級合作社（万）	参加農家（万戸）
1950 年	0.002	—	0.02
1952 年	0.4	0.001	5.9
1956 年	75.6	54.4	11782.2
1957 年	78.9	75.3	12105.2

出典：馬宇平など『中国：昨天与今天－1840 ～1987 年国情手冊ー』解放軍出版社

「文化大革命は指導者（毛沢東）が誤って起こし、反革命集団によって利用された、党・国家・人民に重大な災難をもたらした内乱である」と性格づけるとともに、主な責任は毛沢東にあるとした（1981年6月、第11期6中全会「歴史決議」）。

第一次5カ年計画（1953年~1957年）の進行中、毛沢東は国家と社会と中国共産党の一体化を図り、党による一元支配を目指した。また国家と個人の間には「管理と依存」の関係を生み、「単位」が両者の関係をつなぐ役割を担った。そして社会主義移行を急進させる。1959年7月から8月にかけて、盧山《ろざん》で開かれた中共政治局拡大会議で彭徳懐《ほうとくかい》は大躍進運動の変更を迫ったが、毛沢東は右傾日和見主義として退けた。体制的にみれば党における「民主集中制」は党内の意見を汲み上げるものではなく、合議一致を図る手段であり、ソ連、中国、日本の共産党も同じである。国民の政治参加は我々の考えている民主制とは違い、デモなどの大衆動員に参加することである。そのため一党独裁の体制下で指導者に権力が集中すれば、毛沢東にみられるように独裁専行を許すことになる。このような悪弊は鄧小平によって少しは改善されたが、現・習近平政権にみられるように繰り返されることになる。

中国研究の先生方の多くが「毛沢東思想」におけるマルクス主義、マルクス・レーニン主義の思想と理論について疑問視されているようだが、私自身を振り返ってみても二十代はそれなりの受け止め方をしており、六十代後半にカウツキー、ヒルファーディングを読んでからは社会民主主義の考えにも共感するものがあった。そうこうしているうちに、若きマルクスが１８４４年、26歳のときに上梓した著作『経済学・哲学手稿』が改めてよみがえってくる。どこかで「土着的マルクス主義」と書かれていたが、その方が毛沢東を理解しやすいのではなかろうか？

毛沢東が優れた革命家であったのは、多様な具体的状況に合わせて実践的行動をとったことではないか。中国の独立、解放を農村と農民とで掘り起こし、「革命根拠地」を築き、長征を走破した。抗日戦争には「遊撃戦」、「持久戦」を展開した。そのような革命的行動により、１９４９年に人民政府を樹立した。

しかし、毛沢東は革命成就には文化や精神面で変革が元々必要であると考えていた。それ自体は正しいが、革命は斯《か》く斯《か》くあるべきと主意的に考えるところがあり、農業の集団化、工商業の社会主義化、即ち公有化を急ぎ、ソビエトモデルの無批判な導入を行い、必要とされる市場の在り方も否定した。

それには当然、抵抗もあり、「継続革命論」を打ち出した。ついには１９６６年に〈プロレタリア文化大革命〉を起こし、権力層を〈走資派〉と呼び、大衆を動員して権力奪取を図った。それにより動乱ともいえる混乱に陥り、中国社会を巻き込んで巨大な損害をもたらした。社会主義移行にも、社会の発展の状況や主体となる勢力の実状から様々な「移行形態」があるのを、主意的考えにより無視した結末である。

あえて中国革命が遺したものを私なりに挙げれば、

(1)中国の独立・解放を中国の置かれた「多様な状況」、農民を中心とした統一戦線、即ち抗日民族統一戦線を通して具体的状況に合わせて闘い、「中華人民共和国」の樹立に導いたことである。

(2)1950年の土地改革法により、地主・富農の大土地所有が解体され、3億余りの農民に分配されたが、小規模農地であり、農業生産の実は上がらなかった。しかし政治的に見るなら、旧秩序は壊されて、新しく村幹部が選ばれ、村の新しい体制が作られた。即ち農民の解放である。

(3)中国における独立・解放における多様な戦略や理論は、アジア・アフリカ諸国に影響を与えた。

(4)第二次大戦後、1954年4月の周恩来・ネール会談の「平和五原則」、1955年4月のアジア・アフリカ会議(バンドン会議)の「平和十原則」により、世界平和と協力の推進など戦後世界の新しい局面を生み出す基になった。

概括すればこれら四つであろうか。ただ毛沢東が客観的情勢を無視して社会主義建設へ盲進し、大躍進運動の失敗による損害、文化大革命による混乱などを引き起こした。このような主意的な革命論を許したことが、負の遺産につながったのであろう。

私の友人、知人、また古参党員の方々をはじめ周囲の職工、農民たちは毛沢東を「中国解放の父」と呼び、誰一人として彼を否定した者はいなかった。指導の誤りにより中国が一時的に後れたことは認識していたようだが、批判じみた話をする人たちはいなかった。外国や旧支配層の頸木《くびき》から解放した功績もよく分かっていたからであろう。

これに若干の補足をすれば、私の知人、古参党員の人たちは1955年頃は30歳前後。当時の中国は貧困社会の時代であり、毛沢東の急進的な取り組みに彼らも同調していたからであろう。後世からの批判はたやすいが、これも一つの現実である。

多くの先生方によって、中国におけるインターネットによる与論形成や政治参加の方法に言及されているが、これらは言論の自由と不可分である代議制議会による論議が前提である。彼らとの話を思い浮かべるとき、現状はまだ道遠きことであろう。

結語

市井から読み解く中国の諸問題

本書は現在の中国の抱える諸問題（政治、外交、経済、生活）の事柄を、できるだけ簡潔に分かりやすくまとめたものである。中国で仕事をするようになった経緯をはじめ、仕事や出張などで感じたことを紹介し、中国を知る一助としている。それに加え、統計表を多用した。その訳は、たとえば電力の使用量を見れば生産活動や社会状況が分かるとともに、発表されたＧＤＰ数値の正否の判断の材料にもなるからだ。

中国の統計数字には曖昧《あいまい》なところもあるが、数字は言葉に勝る説明でもある。統計表を読み解いてみてほしい。私は現場の技術屋上がりなので、実務に忠実なあまり中国の色んな問題に出くわすとともに、作業者とも一杯やることもあり、自然と庶民の目線になる。平たく言えば社会の本質は「日常性」の中に宿っていると考えている。これは市井より見た一つの試論だ。本文に書いていることは、２０００年前後ごろ、上海を中心に仕事をし、各地に出向き、そこで見たり聞いたりしたことで中国理解が深まり、その影響が論拠になっている。

元上海総領事の杉本信行氏（既に他界）は「中国共産党が支配する中華人民共和国（中国）の現体制と中国一般人を同一視しないことが肝要だと考えている」と書かれている

（『大地の咆哮』ＰＨＰ研究所発行）。領事という立場は、一般の人々と接する機会が多いので、９億を超える農民たちの現状を直視されているからであろう。また「密告社会」の怖さにも言及されている。死の病の中で相互理解のためにあえて書かれたのだろう。私自身も北京より派遣された幹部のグループに、私生活を公安に密告（小報告）された経験がある。ただ半年後には鋼材を不正売却した件で大連市や司法当局と相談の上、グループ４人を追放した。このような社会でも互いに信頼できる知人、友人を持ち得たことを今でもうれしく思っている。

これまで本文で説明したことを中国の民衆の立場に立って見れば、次のようになろうかと思う。

〈労農大衆の意識の変遷〉

人民共和国の建国時の3年間は、多くの民衆が建国の喜びに沸き、労農紅軍の抗日戦争における働き、大衆のものは針1本、糸1筋もとらないなど、三大規律にみられる清廉潔白さを実践した共産党の指導を信頼し、支持した。

社会主義改造期（１９５０年代）になると、私的所有制が廃止されるなど小生産者意識の強い農民たちは戸惑いを感じたが、若い青年たちや労働者を中心に社会主義に対する方針に協力した。私の知人の多くはこの頃30代であり、当時の気持ちをよく話してくれた。それは社会主義への息吹を感じさせる時代であったのだろう。

１９５８年に始まった大躍進運動は、非現実的な土法高炉による製鉄に農民など延べ1億人を動員し、農業生産量は大きく落ち込み、大躍進によるひずみが各地で顕在化した。推計によれば、１５００万~２０００万人もの餓死者が出たとみられている。その失敗は、農民を中心に共産党の政策に進んで協力する気持ちを失わせた。１９５９年8月の廬山会議で彭徳懐が大躍進の問題点を指摘したが退けられ、失脚する。その後、農業生産の減少と経済の停滞は続き、悲惨な結果を招いた。実務派による「調整」政策により、多少の小康状態がみられたが、民衆の意欲や熱気はそがれた。即ち、農民の積極性を引き出すことはできなかった。一つ注目しておくべきは、この間の人民公社時代に農民の動員が組織化され、地域レベルでの土地整備、水利灌漑施設などにより、地域の共有財産が生み出された。人民公社後期の社隊企業の実現・展開も同様であろう。

１９６０年前後頃は日本の60年安保闘争と重なっていたが、一部の中国学者を除けば多くの人達は毛沢東に関心がなかった。私自身も毛沢東主義を冷ややかな目で見ていた。即ち、違和感を抱いていた。スターリン批判、中ソ論争が行われており、「社会主義思想」の権威低落の始まりである。

今回資料を読み返し、大連在任時代の農村での対話を思い起こせば、１９６０年代前半には民衆、特に農民は「共産党」を口に出さないが、党とは心情的には離反していたのではなかろうか。

このように見れば、１９７６年に文化大革命が終結し、改革・開放へ大きく舵を切ったとき、大連で農民や都市住民が変化に手早く対応したのは、元々変化に鋭い中国民衆が潮目の変わりを読み、潮流に乗ったからではなかろうか。彼らのダイナミックな活躍ぶりが無理なく理解できる。中国の民衆とともに仕事をし、生活をしてきた人間の生活実感である。

１９６６年から発動された文化大革命は、大躍進運動の挫折後に毛沢東が実務派の指導者であった劉小奇らを修正主義者で資本主義の道を歩む実権派として奪権闘争を展開し、中国を混乱に陥れた。

毛沢東の「継続革命論」を背景にした権力闘争であるが、大衆運動の展開のやり方よりみれば、１９５０年代の農業集団化や１９５８年からの大躍進運動時は農民大衆に依拠していたが、１９６６年の文化大革命開始時は青年学生を中心に運動を始め、「造反有理」（反逆には道理がある）の下に若者を結集させ、「毛語録」を手に掲げた中高生など年端もいかぬ青少年を紅衛兵として動員している。

後に軍や都市労働者を巻き込んでいるが、毛沢東と労農大衆の間には大きな意識のずれが生じていた。

大連在任時にお世話になった老幹部は公衆面前で罵倒され、40代の知人は文革派の批判にさらされて上海より大連に逃れており、1976年に文革へ終止符が打たれ、やっと安堵できたと言っていたが、多くを語らなかった。工場の30代後半の女子職員や女工の幾人かは紅衛兵であったようだが、黙して語ることはなかった。圧政下で生きてきた中国人の「沈黙の文化」なのであろう。多くの知識人も惨《むご》たらしい目に遭った。

周恩来の呼び掛けに応えて、アメリカから帰国した作家・老舎（代表作 駱駝の祥子）は暴行を受け、北京西北の太平湖の畔で無惨な水死体で見つかったと言われている。私は、毛沢東は中国解放の父であるが、反面「継続革命論」にみられるような独《ひと》り善《よ》がりな革命論で社会を混乱させ、民衆の生活を壊したと考えている。

鄧小平は文化大革命による混乱を終息させ、改革・開放の総設計師と呼ばれている。彼は「貧困は社会主義ではない」との考えの下、経済建設と経済活性化のための経済改革を重視し、改革の一つとして海外にも市場を開き、外資も受け入れた。平たく言えば、「商品経済」の導入である。その継承者である江沢民は「社会主義市場経済」を憲法に明記し、財政、金融改革、国営工場改革に朱鎔基が手腕を振るった。WHOの加盟を果たし、中国は名実共に「世界の工場」となった。次の胡錦濤も高い経済成長率を維持するも、その過程で生じた「格差社会」是正のため、「調和社会」と「親民路線」の政策を掲げた。

〈社会の多元化〉

改革開放政策によって経済成長が進めば社会は多元化し、様々な職業が生まれ、社会の階層分化が始まる。そのため階層間格差、地域間格差を助長し、新たな問題が生じる。人民公社の解体により、農民の階層分化が始まったが、２０１３年には農民工は２億６８９４万人で、出稼ぎ農民工はそのうち61・８％、在宅38・２％である。総人口の五人に一人が農民工であり、農村住民の平均純収入は８８９６元。都市住民の可処分所得は２６９５５元であり、三分の一の収入である。

２０１３年の都市平均賃金は年収５１４８３元、国有単位＝５２６５７元、株式有限公司＝６１１４５元、製造業＝４６４３１元、電力とエネルギー＝６７０８５元、建築業＝４２０７２元、情報通信＝９０９１５元、金融業＝９９６５３元である。

中国社会は党組織や各級政府機関が様々なところで関与しており、コネが日常化されている。それが多種多様な権益を生み、不正の温床になっている。都市の労働者や農民工など低所得者層がいる一方、高所得者のこうした既特権を持つ階層がいる。経済成長によりもたらされた矛盾と汚職が共産党の威信低落の要因となっている。習近平は経済成長の鈍化の中、集権化を行い、「中国の夢」を語っている。そして対外的には拡張主義に走っている。

今、中国に求められているのは安定した経済基盤の再構築と社会の透明性、そしてこれらを保障する法の整備である。経済基盤の再構築とは投資主導型から消費市場重視に向けて、農民工や地方経済の見直しを伴う改革を意味する。どんなに「中国の夢」を語ろうと民衆の支持は得られないであろう。その答えは遠からず出される。

〈歴史認識問題〉

日中、日韓関係が話題になるとき必ず「歴史認識問題」が大きく取り上げられる。過去の残虐行為を謝罪するとか補償することで解決する問題ではないであろう。それは国家、企業、個人などのレベルで関わっており、そのため「心の問題」にもなっている。

１９９９年10月、初めて長春を訪れる前には上海で吉林大学を出ているG女にアドバイスを受け、彼女の紹介してくれた人の案内で市内を巡り、旧満州時のこと、現況など話を聞いた。私は事実をありのままに聞くことに徹した。そのとき思ったことは、起きた事実を若い人達に知らせ、語り継ぐことである。これは広島、長崎の原爆投下の惨事と同じことである。日本が中国で行った残虐行為を知らせ語り継ぐことは決して自虐的な歴史認識ではない。

ここで李香蘭のことを書き留めておきたい。李香蘭がテレビ紀行番組で撫順で生まれたかつての満州の地を訪ね、列車の窓より緩やかな起伏のある東北平野を眺めながら、撫順炭坑での中国人虐殺、奉天（現：瀋陽）、長春の満映撮影所のことを語り、自分の半生を振り返っていた。日本人でありながら中国名を持ち、日中の暗い狭間《はざま》で歌姫として名声を博した。そして結果的には日本の中国侵略に加担するものになった。しかしながら彼女が12歳のとき、撫順で日本に反抗する住民ゲリラが銃殺され、石油で焼かれた。このことが子ども心にも深く刻まれ、その後、日中間を見る原点になった。その半生に紆余曲折があるも、振り子のように原点に戻っている。

彼女は昭和6（1931）年に柳条湖事件（満州事変）、同12年に盧溝橋事件（日中戦争）が起きたそのときと場所にいた、暗い日中の時代に生きた証人である。終戦時、やっとの思いで帰国し、取材で世界を歩いた。本紀行は、1978年に参議院の環境庁政務次官として32年ぶりに中国を訪問したときのことであろう。

中国名は李香蘭《リシャンラン》、日本名は山口淑子《やまぐちよしこ》、1920年生まれである。『李香蘭　私の半生』（新潮社）はぜひ読んでみてほしい。歴史認識の百の説明より、事の本質がよく分かる。

写真：『李香蘭　私の半生』（新潮社）の表紙より

Column
07

◆現代・中国を見る

少数民族問題

中国には55の少数民族がいるとされている。イスラム教を信じ、全国各地に住んでいる回《ホイ》族のように我々に馴染みのある少数民族もいれば、私の任地であった大連には漢族と見分けのつかない満族の人たちも多くいた。苗《ミャオ》族のように手厚く保護されている少数民族が多々いることもよく知られている。

１９５０年、人民解放軍に制圧されたチベット族は、１９５６年に中国支配へ抗し、チベット動乱を起こしている。また新疆にはイスラム教徒のトルコ系ウイグル族が住み、暴力事件がたびたび発生している。最近だけでも２０１３年10月に、北京天安門前へ車で突入したのを皮切りに、２０１４年の３、４、５、７、９月と立て続けに殺傷事件が起きている。もともとイスラム教やその生活文化への締め付けが厳しく、反抗が強まっている。さらに、西部開発に伴って漢族が移住し、政治、経済権を握ったことへの反発があると見られている。２０１２年には新疆の人口比率はウイグル族45・８％、漢族40・５％となっている。

中共は１９２２年、党大会で自由連邦制の下に自治権を与えるとしていたが、抗日戦争の共同目的のため自治を与え、統一国家を樹立するとした。１９４９年の人民協商会議ではチベット系、モンゴル系といった民族主義を禁止し、連邦制は立ち消えた経緯がある。少数民族問題は中国の大きな社会問題であるが、解決の方向は見えていない。

中国史のなかの諸民族

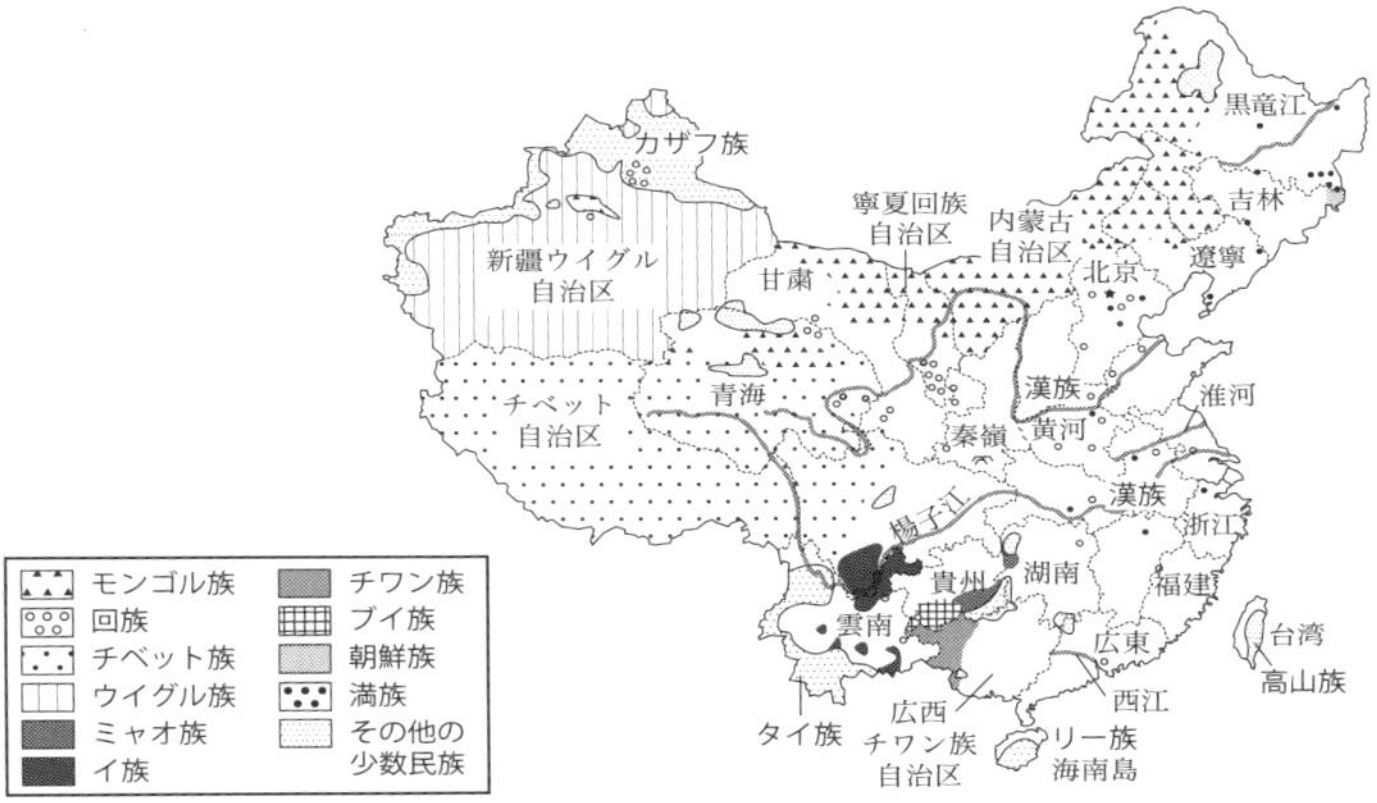

出典：『中国史のなかの諸民族』川本芳明著　山川出版

中国人口十大民族

	全国	1,339,760,869 人	100%	人口順
1000 万級	漢民族	1,220,844,520 人	91.51%	1
	チワン(壮)族	16,926,381 人	1,26%	2
	回族	10,586,087 人	0.79%	3
	満州族	10,387,958 人	0.78%	4−
	ウイグル族	10,069,346 人	0.75%	5+
800 万級	ミャオ(苗)族	9,426,007 人	0.70%	6
	イ(彝)族	8,714,393 人	0.65%	7
	トゥチャ(土家)族	8,353,912 人	0.62%	8
500 万級	チベット族	6,282,187 人	0.47%	9+
	モンゴル族	5,981,840 人	0.45%	10
参考	朝鮮族	1,830,929 人	0.14%	14−

備考:「+」は人口が大幅に増加し順位が上がった民族。「−」は人口が減少に転じ順位が下がった民族　出典：中国人口十大民族　第 6 国勢調査『現代中国政治概論』明石書店出版

〈新疆ウイグル自治区〉(2012 年)
●区都：ウルムチ(251.8 万人)●面積：166.0 万㎢●人口：2,264 万人●人口密度：14 人／㎢●民族(%)：ウイグル族45.8、漢族40.5、カザフ族6.5、ホイ族4.5、キルギス族0.8、モンゴル族0.7、トンシャン族0.3、タジク族0.2、ショボ族0.2、マン族0.1、トウチャ族0.1

〈チベット自治区〉(2013 年)
●区都：ラサ(50.4 万人)●面積：122.8 万㎢●人口：312 万人●人口密度：3 人／㎢●民族(%)：チベット族 90.5、漢族 8.2、ホイ族 0.4、メンパ族 0.3、ロッパ族 0.1、キルギス族 0.1、カザフ族 0.1

出典：『2015 データブック・オブ・ザ・ワールド』二宮書店出版

〈少数民族問題の補足〉

「コラム7 少数民族問題」に若干の補足をしておきたい。中国共産党は本来テーゼであった「連邦制」を安全保障と国家統合のため、建国時に非連邦制の「民族自治区」を導入した。しかし改革開放政策により経済が発展し、社会が多元化し、自分たちの宗教、文化、言語について多様な考えが生まれ、自由を求めたのは自然な成り行きである。中華ナショナリズムを強調すればするほど、少数民族は自らのアイデンティティーを自覚するとともに漢民族が大量に流入すれば生活権が脅かされ衝突に至った。私は前々から、内外の情況を見極めながら外交と軍事を除く「ゆるやかな連邦制」に移行するのが中国の道であると思っている。これは独善的な習近平政権下では解決は無理であろう。

ここまで述べてきたのは、建国後、毛沢東の冒進《ぼうしん》により大衆意識が変化し、鄧小平による開発開放政策によって、経済成長を遂げることにより、社会階層の多様化と変容が起こった。そのため階層間格差、地域格差が拡大し、新たな矛盾と問題が発生したということである。

中国は解放後70年を迎え、新たな改革と挑戦の時代に入っている。

この「新たな時代」は中東、アフリカにおける宗教、民族問題による混乱、その派生によるヨーロッパ、アジアにおけるテロの多発、この情勢に対するアメリカの無能と凋落したロシアの介入、成長鈍化に陥った中国の対外拡張主義など、国際情勢を混沌とさせ、不確実性を増やしている。穿《うが》った見方をすれば、21世紀前半は動乱の時代でもあり、新しい幕開けでもあろう。それはさておき、中国の習政権や日本の安倍政権に見られる「言葉は躍っているが中味は小手先」ではなく本質的な改革に取り組むべきであろう。それが「新たな改革と挑戦の時代」の意である。ソ連と東欧諸国における社会主義体制の崩壊、中国の国家資本主義の強化、アメリカ型民主主義の体《てい》たらくなどはなぜ起きたのか。60歳を過ぎて自由の身となり、百姓をしたり、中国や日本の企業に頼まれ、技術の開発や指導に当たりながら思いを巡らせて辿り着いたのは、若き日のバイブルのように手にしていたマルクスの「経済学・哲学手稿」である。その主旨は〝本来労働は人間と自然との自由な関係の上に成り立っているものであり、その関係を豊かに発展させるとともに人間の社会的関係も発展させる〟。

理想の状態でなくとも、それぞれの置かれた情況下で日々の労働に喜びを感じることに一歩でも近づける方向性を持った改革が必要である。ロシア革命や中国革命も、このような思想があったであろうか。アウトサイダーで生きてきた私流の表現では仕事が終わって、今日もよかったと一杯飲む喜びである。

中国の多難な改革にも、このような思想に基づいた改革政策が織り込まれれば、その改革は永続性を持つであろう。21世紀は中国民衆の出番である。

最後に

本書で書いたことは大雑把で雑論に近いものだが、中国の人達と一緒に工場で働き、対外的には苦労しながら実務をこなした経験、また知人、友人の協力により見聞した事柄を基に自分なりにまとめた現代中国の試論である。各地、各階層の人達との話の中で、私の知り得た見方の一端でもある。

朱心才老幹部、大連港幹部・時徳有氏、東京五金役員・陳淑蘭女史には特段の支援とお世話をいただいた。また陝西電力局賀主任、煙台の良き知人白氏のおかげで各地の探訪が叶い、日中の商社、銀行、造船所の方々の多大な協力があり、中国での仕事が日中双方より評価され、うれしく思っている。

中国の大連や煙台、青島で「ここは森本さんの第二の故郷だ」と言ってもらったことは忘れ得ぬことだ。

一昨年の1月、脳梗塞を患い、まともに文章が書けない状態だったが、大森編集長や編集部の方々のおかげでやっと一冊の本になった。皆様に感謝の気持ちで筆を置かせてもらう。

２０１６年3月

付録　年表で見る中国

年	月	中国の出来事
1840	6	アヘン戦争
1842	8	南京条約締結、上海開港へ
1845	11	イギリス租界設置（第1次土地章程公布）
1862	1	太平天国軍の第2次上海攻撃
	6	高杉晋作ら、千歳丸で上海を訪れる
1872	2	日本が駐上海領事館を開設
1894	8	日清戦争
1895	4	下関条約締結
1899		義和団事件（連合軍出兵）
1911	10	武昌蜂起、辛亥革命
1912	1	中華民国成立
1914	7	第1次世界大戦
1919	5	北京で五・四運動開始、上海でもデモ行進
1921	7	中国共産党成立、フランス租界で開催
1927	4	蒋介石、国民政府樹立

年	対外関係・国際情勢
1904	日露戦争勃発
1920	ヴェルサイユ条約締結

年	月	中国
	4	蒋介石による四・一二クーデター
1928	6	関東軍により張作霖爆殺
1931	9	満州事変
1932	1	第1次上海事変勃発
	3	満州国成立
1934	10	中国共産党の長征
1936	12	西安事件
1937	7	盧溝橋事件、日中全面戦争、南京大虐殺事件
1939	9	第2次世界大戦
1945	4	中共7全大会
	8	日本敗戦、国共内戦へ
1949	9	中国人民政治協商会議（共同綱領）
	10	中華人民共和国成立
1950	10	中国人民義勇軍朝鮮戦争参戦
1953	6	毛沢東「過度期総路線」提起
1955	7	全人代第1期第2回会議「第1次五カ年計画」

年	世界
1929	世界大恐慌
1948	大韓民国・朝鮮民主主義人民共和国成立
1950	中ソ友好同盟相互援助条約
1952	対日講和条約・日米安保条約発効
1954	周恩来・ネール会談（平和五原則）
1954	第1次台湾海峡危機

1956	5	中共「百花斉放・百家争鳴」
1958	5	大躍進政策開始、人民公社運動
1959	3	チベット反乱、ダライ・ラマがインドへ亡命
	7	盧山会議、彭徳懐「大躍進」に意見書
1961	1	中共・調整政策へ（農業・商業・工業・教育など）
1962	1	中共・七千人大会、毛沢東自己批判
1963	6	中ソ公開論争
1964	1	中仏国交樹立
	10	中国核実験成功
1966	8	文化大革命開始、中共8期11中全会
1969	3	中ソ武力衝突（珍宝島）
	9	中共9全大会、林彪後継者指名
1972	2	ニクソン米大統領訪中
	9	田中首相訪中、日中共同声明調印
1976	1	周恩来総理逝去、第1次天安門事件（鄧失脚）
	9	毛沢東中共中央主席逝去

1959	キューバ革命
1959	中印国境で武力衝突
1960	ソ連、中国に派遣中の技術者の引き揚げ通告
1964	東京オリンピック
1967	ASEAN結成
1968	チェコ事件（プラハの春）
1969	アポロ11号月面着陸成功
1972	沖縄返還
1973	第1次石油ショック
1973	在中国日本大使館開設
1975	ベトナム解放戦争終結
1976	ロッキード事件

年	月	出来事
	10	文革に終止符
1977	7	中共10期3中全会、鄧小平再復活
1978	8	日中平和友好条約締結
	10	鄧小平副総理来日
	12	中共第11期3中全大会、大転換（改革・開放政策）
1982	9	中共12全大会、胡耀邦党主席（鄧小平体制の確立）
	12	82年憲法（人民公社解体など決定）
1984	10	中共・経済体制改革決定
	12	中英香港共同声明
1985	6	人民公社解体、郷政府樹立
	9	中共全国代表会議
1986	4	第7次5カ年計画（～1990年）
	9	社会主義精神文明
1987	1	胡耀邦辞任
	10	中共13全大会、趙紫陽総書記
1989	6	天安門事件

1979	中越国境戦争
1983	アジアの歌姫テレサ・テン（鄧麗君《トンリーチン》）の歌を中共政府が禁止。しかしテープはダビングされ「昼は鄧小平のいうことを聞き、夜はテレサ・テンを聞く」というジョークが流行った
1989	天安門事件の民主化デモを支援するため、テレサ・テンが香港でコンサートを行う。30万人が参加した
1991	ソ連崩壊、ゴルバチョフ辞任

年	月	事項
	9	江沢民総書記
1992	1	鄧小平南方視察、「南巡講話」改革開放の大号令
	10	中共14全大会、「社会主義市場経済」提起
1993	11	憲法に「社会主義市場経済」を明記
1996	3	台湾海峡危機、李登輝総統当選
1997	2	鄧小平死去
	7	香港返還
	9	中共15全大会、江沢民体制の強化
1998	11	江沢民国家主席元首として初来日、日中共同宣言発表
2000	3	西武大開発戦略
2001	1	台湾との「小三通」
	6	上海協力機構（SOC）
	7	江沢民講話（三つの代表）
	12	WTO加盟
2002	11	16全大会（胡錦濤総書記）
2005	3	全人代「反国家分裂法」

1991	湾岸戦争勃発
1995	WHO発足
1995	タイでテレサ・テンが42歳の若さで死亡。5月28日、台北で国葬。世界各国より3万人のファンがかけつけた
2000	台湾　陣水扁総統当選
2001	アメリカ同時多発テロ発生
2003	日中韓首脳会合共同宣言（パリ）
2003	イラク戦争勃発

	4	反日デモ
2006	1	農業税廃止
	6	16期6中全会（和諧社会建設論）
2007	4	温家宝総理来日
	10	17全大会（胡錦濤2期）
2008	3	チベット反政府デモ
	8	北京五輪開催
2009	7	新疆ウイグル自治区デモ
2010	5	上海万博開催
2013	3	第11期全人代、習近平体制「中国の夢」
	11	中共18期3中全会カバナンス改革・統治、システムの再編
2014	5	南シナ海領有権問題再燃
	7	周永康・除才厚 汚職の立件
	8	「新常態」人民日報報道 成長至上主義からの決別
2015	6	アジアインフラ銀行（ＡＩＩＢ）設立協定

2010	中国が日本を抜いてＧＤＰ世界第2位
2013	中国で微小粒子（ＰＭ2・5）多量発生
2014	香港 雨傘運動（行政長官選出をめぐる民主化運動）
2014	台湾 太陽花学生運動（馬英九政権批判）

現代中国試論 中国の陰と陽

2016年4月15日　第1版第1刷発行
著　　者／森本　俊彦
発 行 人／通谷　章
編 集 人／大森　富士子
発 行 所／株式会社ガリバープロダクツ
広島市中区紙屋町1-1-17
TEL 082（240）0768（代）
FAX 082（248）7565（代）
印刷製本／株式会社シナノパブリッシングプレス

ISBN978-4-86107-066-2　C0095　￥1300E